伊戈頓

Terry Eagleton

馬馳・張岩冰◎著

編輯委員：李英明　孟樊　陳學明　龍協濤
楊大春　曹順慶

出版緣起

　　二十世紀尤其是戰後，是西方思想界豐
富多變的時期，標誌人類文明的進化發展，
其對於我們應該具有相當程度的啓蒙作用；
抓住當代西方思想的演變脈絡以及核心內
容，應該是昂揚我們當代意識的重要工作。
孟樊教授和浙江大學楊大春教授基於這樣的
一種體認，決定企劃一套「當代大師系列」。

　　從一九八〇年代以來，台灣知識界相當
努力地引介「近代」和「現代」的思想家，
對於知識份子和一般民衆起了相當程度的啓
蒙作用。

　　這套「當代大師系列」的企劃以及落實
出版，承繼了先前知識界的努力基礎，希望

能藉這一系列的入門性介紹書，再掀起知識
啓蒙的熱潮。

　　孟樊與楊大春兩位教授在一股知識熱忱
的驅動下，花了不少時間，熱忱謹慎地挑選
當代思想家，排列了出版的先後順序，並且
很快獲得生智文化事業公司葉忠賢先生的支
持，因而能夠順利出版此系列叢書。

　　本系列叢書的作者網羅有兩岸學者專家
以及海內外華人，爲華人學界的合作樹立了
典範。

　　此一系列書的企劃編輯原則如下：

1.每書字數大約在七、八萬字左右，對
　每位思想家的思想進行有系統、分章
　節的評介。字數的限定主要是因爲這
　套書是介紹性質的書，而且爲了讓讀
　者能方便攜帶閱讀，提升我們社會的
　閱讀氣氛水準。

2.這套書名爲「當代大師系列」，其中所
　謂「大師」是指開創一代學派或具有

承先啟後歷史意涵的思想家，以及思想理論與創作具有相當獨特性且自成一格者。對於這些思想家的理論思想介紹，除了要符合其內在邏輯機制之外，更要透過我們的文字語言，化解語言和思考模式的隔閡，為我們的意識結構注入新的因素。

3.這套書之所以限定在「當代」重要的思想家，主要是從一九八○年代以來，台灣知識界已對近現代的思想家，如韋伯、尼采和馬克思等先後都有專書討論。而在限定「當代」範疇的同時，我們基本上是先挑台灣未做過的或做得不是很完整的思想家，做為我們優先撰稿出版的對象。

另外，本系列書的企劃編輯群，除了包括上述的孟樊教授、楊大春教授外，尚包括筆者本人、陳學明教授、龍協濤教授以及曹順慶教授等六位先生。其中孟樊教授為台灣

大學法學博士，向來對文化學術有相當熱忱
的關懷，並且具有非常豐富的文化出版經驗
以及學術功力，著有《台灣文學輕批評》（揚
智文化公司出版）、《當代台灣新詩理論》
（揚智文化公司出版）、《大法官會議研究》
等著作，現任教於佛光大學文學所；楊大春
教授是浙江杭州大學哲學博士，目前任教於
浙江大學哲學系，專長西方當代哲學，著有
《解構理論》（揚智文化公司出版）、《德希達》
（生智文化公司出版）、《後結構主義》（揚智
文化公司出版）等書；筆者本人目前任教於
政治大學東亞所，著有《馬克思社會衝突
論》、《晚期馬克思主義》（揚智文化公司出
版）、《中國大陸學》（揚智文化公司出版）、
《中共研究方法論》（揚智文化公司出版）等
書；陳學明先生是復旦大學哲學系教授、中
國國外馬克思主義研究會副會長，著有《現
代資本主義的命運》、《哈貝瑪斯「晚期資本
主義論」述評》、《性革命》（揚智文化公司
出版）、《新左派》（揚智文化公司出版）等

書：龍協濤教授現任北京大學學報編審及主
任，並任北大中文系教授，專長比較文學及
接受美學理論，著有《讀者反應理論》（揚智
文化公司出版）等書；曹順慶教授現爲四川
大學文學與新聞學院院長，專長爲比較文學
及中西文論，曾爲美國哈佛大學訪問學人、
南華大學及佛光大學文學所客座教授，著有
《中西比較詩學》等書。

　　這套書的問世最重要的還是因爲獲得生
智文化事業公司總經理葉忠賢先生的支持，
我們非常感謝他對思想啓蒙工作所作出的貢
獻。還望社會各界惠予批評指正。

李英明

序於台北

序

　　伊戈頓（Terry Eagleton）是我國讀者十
分熟悉的馬克思主義文藝理論家。一九八〇
年，他的《馬克思主義與文學批評》一書出
版，在理論界引起了不小的回響。這本書的
篇幅雖不大，但卻討論了馬克思主義文學批
評的四個中心問題：文學與歷史、內容與形
式、作家與傾向、作為生產者的作家。作者
在論述這些問題時，對一些重要的批評家作
了評述，為西方當代馬克思主義文學批評的
發展描繪了一個大致的輪廓，這對剛剛打開
國門、走向世界的我國學者來說，無疑具有
重要的參考價值。他所提出的「藝術生產」
問題也為日後我國理論界就這一問題的討論

提供了重要的依據。這以後，他的《文學原理引論》、《審美中的意識形態》、《歷史中的政治、哲學、愛欲》等著作先後被譯成中文，他的其他著作的英文本也出現在國內各大圖書館的書架上，我們對伊戈頓的了解與熟悉程度也日益加深。

　　作爲雷蒙德·威廉斯（Raymond Williams）的嫡傳入室弟子，伊戈頓是透過對本世紀早中期英國馬克思主義文學理論中的庸俗馬克思主義、自由人道主義以及多元論文化決定論的批判清理展開他的學術研究的，因此，他對馬克思主義文論、美學的研究明顯地帶有當代性。在他的思想體系裏，既有經典馬克思主義的痕跡，也有文化社會學、闡釋學、接受理論的影子。他承認自己是一個自覺的「西方馬克思主義」者，法蘭克福學派對他也產生了重要的影響。這與他所尊重的詹明信顯然不同，但他又認爲資本主義發展到了一個不能再用傳統馬克思主義進行解釋的階段，或者說，必須重新認識和重新解釋

馬克思主義，才能把它應用於當前的社會現
實。他認為，馬克思主義之所以能在西方再
度興起，恰恰是因為一批「馬克思主義者」
對馬克思主義作了新的闡釋。伊戈頓所說的
「馬克思主義者」既包括盧卡奇、葛蘭西，也
包括班傑明、阿多諾、馬庫色和沙特等人，
這些都是中國讀者比較熟悉的，他的將馬克
思主義「重新闡釋」的思路與詹明信建構當
代形態的馬克思主義闡釋學的努力似乎又如
出一轍。但馬克思主義就其本質而言是一種
實踐的哲學，哲學家的根本目的不是為了解
釋世界，而是為了改造世界，對現實世界作
再多的闡釋，與改變世界的偉大實踐距離還
是十分遙遠，這也許正是「西方馬克思主義
者」們難以「自拔」的「理論陷阱」。

　　伊戈頓在英國是一位十分活躍的理論
家，他的思想、觀念、意識都在不斷發展與
變化之中，他還有新的思考，因此本書也只
能算是一個「未定稿」。

馬馳　張岩冰

目　錄

第一章
一位「新左派」的成長之路

　　在英格蘭中部曼徹斯特附近有一座小城叫薩爾福，英國當代最負盛名的「西方馬克思主義」美學家、「新左派」文藝理論家伊戈頓（Terry Eagleton）一九四三年便出生於這座小城。伊戈頓的祖上是愛爾蘭血統，在愛爾蘭大蕭條時，伊戈頓的祖父母到了蘭開夏郡的工廠小鎮，後來又到城市裏謀生，最後在薩爾福定居下來。儘管他的父母仍保留了濃厚的愛爾蘭文化背景，但卻是第一代英國人。伊戈頓的父親是一位技術工人，在當時最大的一家機械工廠工作，是一位社會主義信仰者。伊戈頓早年就讀於當地一所教會中學，並在那裏接受了社會主義思想。

　　一九六一年，他以優異的成績考取英國著名學府──劍橋大學。作為一名工人的後代，能夠擠入劍橋這個上等階級的文化堡壘是相當不容易的。他曾為此感慨不已，並說像他這種出身的人，由普通中學進劍橋大學是很不尋常的事情。因為那個時期，劍橋作為上等階級文化堡壘的情況比現在還要明

顯。工人階級的後代當時只占很小的比例。
為此他感到非常孤獨,於是投身到學校文化
圈子之外的政治運動中去。那時的政治運動
主要是核裁軍運動,伊戈頓也捲了進去。此
外他還參加了一個稱之為「伊頓公學馬克思
主義者」的勞工俱樂部,這個俱樂部基本上
是由離開公立學校的馬克思主義者組成的。
在劍橋求學期間,伊戈頓除刻苦鑽研理論之
外,還熱心參加各種政治活動,在工人運
動、女權主義運動、愛爾蘭民族解放運動中
都有他活動的蹤跡。

在劍橋,伊戈頓受業於英國著名評論
家、「細繹」(Scrutiny)派領袖人物弗·
瑞·李維斯 (F. R. Leavis),在學習後期和畢
業以後,又得到老一輩文學批評家雷蒙德·
威廉斯 (Raymond Williams) 的指導。威廉
斯當時是劍橋大學基督學院的研究員,他是
與伊戈頓同一年來到劍橋的。當伊戈頓第一
次聽了威廉斯的演講後,便被這位有才華的
老師所深深吸引,他認為威廉斯是自己唯一

較欣賞的人，儘管威廉斯講文學的方式使伊戈頓深感困惑，很難理解，而且也很不習慣，然而他又覺得這些內容溝通了自己所了解的東西。一九六四年，當伊戈頓從劍橋畢業時，威廉斯盛情邀請伊戈頓留在他的學院做助理研究員，他在那裏一做就是五年。

日後，當伊戈頓回憶這段師生之情時，他動情地說，那是一段很有意思的時期，因為他與威廉斯一起工作，眞正以積極的態度經歷了六〇年代的各種政治運動。當然在這一時期他也深得老師威廉斯的不少教誨。威廉斯曾經從事成人教育，很晚才進大學，威廉斯之所以能夠進入劍橋並成爲該校研究員，是因爲他撰寫了極有影響的《文化與社會1780-1950》（*Culture and Society 1780-1950*），這也是英國文化理論史上一部里程碑式的巨著，它開啓了注重文化與社會的互動關係、尤其是從社會語境即社會物質條件來闡釋文化的新方向，形成了時至今日仍然十分活躍的一派學說，即「文化唯物主義」。威

廉斯的這本書考察了英國工業資本主義以來
的文化批判傳統，追溯了這一傳統在各個時
期代表人物的著作裏所展現的「文化」一詞
的語義史，指出「文化」的語義嬗變史就是
包括了「階級」、「工業」、「民主」等詞語
的社會史。威廉斯理想中的文化不是由少數
幾個聰明的正派人建構、由老百姓接受和體
驗的「精英文化」，也不是將現有價值和意義
從一個階級轉換授予另一個階級手中的靜態
物，而是不僅被共同占有，而且被共同參與
創造和共同控制的「共同文化」。他的理論表
現出明顯的社會主義傾向。

　　但威廉斯是個很難適應劍橋學術環境的
人，六〇年代後期，有一個階段，他周圍聚
集了一群激進的社會主義學者和批評家，當
時如果他同意的話，這些人甚至想組織起來
對劍橋英文系的教員進行某種干預。那時在
劍橋，李維斯創辦的《細繹》雜誌頗有影
響，以該雜誌爲核心，在劍橋形成了一個
「細繹派」。威廉斯厭煩了《細繹》雜誌發生

過的那類創辦所謂學派的事，而他自己又不想另立山頭，於是他周圍的那些激進份子便去了一些所謂的新大學，伊戈頓自己也於一九六九年轉到牛津大學瓦德姆學院任教。

　　一九六八年至一九六九年前後，對於伊戈頓來說是至關重要的年份，因為正是在那個時期，他的政治及學術觀點發生了一系列深刻的變化。在此之前，他深受老師威廉斯的影響，關心《文化與社會》、《漫長的革命》等著作中所提出的一系列問題。一九六七年，他出版了《莎士比亞與社會》（*Shakespeare and Society*），其書名就顯露出「文化與社會」的視角和方法。這部專著是他題贈給威廉斯的，書中試圖打破個體與社會、自發生活與社會結構之間的界線的做法顯然來自他的老師威廉斯。他後來的文化政治批評方法，在相當程度上也因為與威廉斯的文化唯物主義進行創造性和持續性的對話而得到養分。像威廉斯一樣，伊戈頓所指的「文化」，廣泛地包含了從具體的藝術作品和學術

著作到所謂的「情感結構」以至整個社會生
活的各種意義,當然更重要的是諸意義之間
的相互關聯。在此之後,他卻轉向研究歐洲
大陸特別是法國的理論思潮。造成這一學術
轉折的動因是,他認為老一代「新左派」(威
廉斯是其中的一個典型)在理論上不夠嚴
密,對現實政治也缺少熱情,他自認為自己
轉向馬克思主義正是在這一時期。當時確有
一批激進的知識份子,包括伊戈頓,轉向更
嚴密、在某些方面更多地與政治相關的理論
形式,如果從這點考慮,威廉斯似乎有些停
滯不前,甚至有些倒退。從這個意義上講,
伊戈頓很自然地與老師在政治主張與學術觀
點上發生了分歧;但同時伊戈頓也看到了,
如果完全撇開威廉斯也是很危險的,因為他
的停滯,實際上是在堅持某種自己的立場,
這從這一時期西方政治思潮的發展軌跡便可
得知。

　　與他的老師威廉斯相比,伊戈頓更強調
從英國社會所經歷的實際變革中理解十九世

紀的「文化與社會」論爭與當代論爭的連續性，在此基礎上，才可能創造一種「最完整意義上的」共同文化。伊戈頓並沒有詳細地描述這種文化的構成，而是熱情飽滿地肯定這是一種比自由主義理想的文化更豐富、更多樣、更開放、更靈活、更自由的文化，因爲這種文化不是完成了的靜物，而是在全體社會成員的集體實踐中不斷重新創造和重新定義的整個生活方式，是一個充分的民主過程，他認爲這是個革命的社會主義的問題。

　　六〇年代後期和七〇年代法國西馬理論家阿圖舍（Louis Althusser）馬克思主義大行其道，這之後人們又很快脫離了那股思潮，這一點威廉斯是有預見的。在他的著作中，人們很可能發現他所堅持的那種立場和形式與它們現實的一致。也正在這種意義上，可以說伊戈頓日後的學術道路雖不同於其老師威廉斯，但這位老師的學說卻自始至終影響著他。正如伊戈頓後來所說的，威廉斯對批評家在學術界的作用所持的態度，他對什麼

應該是文學批評的態度，以及他對文化研究和超越學科界限的必要性的態度，在他的著作中從一開始便明確表白了，也正是這些因素，使一些像伊戈頓這樣的激進知識份子最終又轉向威廉斯的作品，並試圖在其中汲取到更多的理論養分。

在六○年代的英國大學中，軍事暴力、科學技術對人類的破壞作用，特別是越南戰爭，成為知識份子們關注的焦點。作為一個接受了馬克思主義的文藝理論家，伊戈頓認為，文學理論也應有其當代性。從學科發展的歷史來看，理論並不是隨便什麼時候都會出現的。不論由於什麼歷史原因，理論的出現一般是那個學科需要自我反思的時刻，例如它的傳統理論基礎遭到破壞而需要某種新的理論基礎的時刻──這時它就需要與自身拉開一定的距離。如果它那樣做，那麼它進行自我反思，不再接受通常公認的看法，而是以某種方式疏遠它們，那麼它就可能像六○年代以來的文學理論那樣，產生兩種作用

中的一種。一方面，理論可以簡單地重新確認那些實踐，使它們有一種更堅實的基礎，伊戈頓想到了馬克思主義、結構主義以及其他時髦的法國理論在英美的某些模仿；另一方面，人們可以用某種疏遠那些常規實踐的方式，把理論問題提高到改變它們的程度。

　　七〇年代前後，越戰硝煙未去，北愛爾蘭的反對運動如火如荼，民權運動、學生運動、婦女解放運動等人類在新的歷史條件下改變自身生存狀態的鬥爭風起雲湧，這一系列事件使左派改良主義顯得無能為力，左派思想家們迫切需要理論上的更新，以解釋新現象，解決新問題。正是在這樣的背景下，阿圖舍對馬克思主義的結構主義闡釋進入英國，引起英國激進左派知識份子的熱情回應，形成了七〇年代中期與整個歐陸形勢相呼應的馬克思主義文化的繁榮時期。阿圖舍思想的核心是剔除摻入馬克思主義傳統中的形形色色的「非科學」因素，倡導反人文主義的「科學的」馬克思主義。阿圖舍思想一

方面可以使英國左派知識份子進行系統的理
論思考，建構自己的話語體系，另一方面可
以使他們擺脫經濟決定論和機械反映論的束
縛，再者也使他們能夠與總是糾纏著自身的
英國自由人文主義劃出一個清晰的界線，這
一思想在伊戈頓的《批評與意識形態》
（*Criticism and Ideology*）中得到了反映。他
在書中試圖劃清與老師威廉斯的「社會主義
人文主義」的界線，並且在細緻地梳理了阿
圖舍與馬歇雷（Pierre Macherey）著作中的
意識形態理論的基礎上，提出了一種更爲動
態的意識形態理論，這也是伊戈頓批評理論
的重要標誌和突出成就。直至九〇年代，他
最主要的工作之一仍然是澄清並完善他的意
識形態概念。這個概念也是他據此對抗形形
色色的後現代主義思潮的基礎和他的文化政
治學的核心範疇。

　　作爲一名「新左派」的著名文學評論
家，伊戈頓對二十世紀後半葉在歐洲大陸普
遍流行的各種思潮不僅十分熟悉，而且對它

們頗有自己的見地。他認為闡釋學提出了關
於解釋的根本重要性的問題，但英國，有些
闡釋學的形式很容易與某種溫和的學院自由
人文主義混合在一起；在某種意義上說，它
會迫切地提出每一個可以想見的問題，但卻
不會提出切中要害的問題，不會提出可以確
切地說明為什麼闡釋學的形式迅速得到吸收
的問題。伊戈頓認為，這裏有一個需要解決
的問題，即闡釋學究竟是什麼？如果說那種
情況像馬克思主義批評的產生一樣，實際上
就是一種闡釋學，那顯然是一種範疇上的錯
誤。因為假如闡釋學是對解釋的一種反映，
那麼它也會涉及到許多不同批評方式的共同
的問題。因此，有人想使闡釋學成為第三種
見解，或者成為一種依靠對馬克思主義這樣
的批評觀點進行否定才能在政治上解釋的見
解，就顯得有些諷刺意味了。

　　伊戈頓指出：人們首先向闡釋主義者提
出這樣一個問題，你認為你的論述有什麼真
正的地位？如此伊戈頓認為，問題的實質

是，這是一種關於一般性的高層次的論述。
它雖然對解釋行為提出了一些基本的爭論
點，但卻遠離了在實際情況中的運用。

伊戈頓還就闡釋學提出了另一個問題：
闡釋學並非只是明顯地在政治上受到懷疑，
它同樣也提出了思想意識和對傳統的肯定設
想的問題。但是在這些問題之外，還存在著
歷史政治的問題，例如：恢復過去或恢復失
去和半失去的意思中的政治涵義和設想的問
題。也就是說，伊戈頓認為恢復或重構過去
作品的意思，一定比大多數闡釋學形成有多
得多的歷史性和政治性。因此他看不出為什
麼闡釋學應該是文化研究的範例。在那種意
義上，明顯中立的闡釋方法論 —— 它只是說
我們應該提出關於過去的意思及其與現在的
關係 —— 實際上可以做的是這樣一種批評活
動：不斷地回到過去的經典著作，對過去和
現在的關係一直很有興趣，但卻只能用一種
特殊的方式思考表達。

伊戈頓還提到，除了人們熟悉的闡釋學

方式之外，還存在一些把過去和現在聯繫起
來的其他方式，存在班傑明式的更激進的闡
釋學，他關於過去和現在關係的整個概念更
有政治性，更有啓發性，而且更符合歷史的
迫切需要。雖然馬克思主義者關心現在和過
去意思間的關係問題，但伊戈頓認為，這些
問題對馬克思主義者來說，永遠從屬於另一
個問題，即未來的問題，而闡釋學一般是不
會提出這個問題的。馬克思主義認為，任何
關於過去和現在的看法，都要與某種可能的
或期望的未來聯繫起來。這樣說也許有些奇
怪，因為從本質上說，未來是不存在的。但
過去同樣也不存在。所以伊戈頓的意思是，
在考慮過去和未來的關係時，我們首先要考
慮努力達到的目的，他發現闡釋學所缺乏的
正是這種對未來的重視。

　　伊戈頓站在「新左派」的立場，對接受
理論也提出了自己的看法，他認為接受理論
是推翻文學神話的一個組成部分，如果在代
表六○年代特點的各種機構變化、要求和計

畫中來探索那種理論的發展是很有意義的。
同時又必須看到，許多標準的歐洲接受理論
（以及美國的接受理論）都受到了批評，因為
它們常常斷定讀者只是當代閱讀構成的一種
作用，而排除了讀者也是整個政治體系的一
種作用。因為我們絕不會只是第一位的讀
者，在閱讀作品時，我們也不可能像變魔術
似地中止我們的其他存在。我們永遠不僅僅
是閱讀當時發生的情況，這在一定程度上是
我們把「接受」一詞擴展到什麼程度的問
題。現在提出的許多認識論的問題，也許接
近於某種解決，或者至少接近於達成一致的
意見。伊戈頓認為，「文本自身」這個短語
的意思，現在我們大多數人都會否認，因為
非常清楚它是實在論的東西。同樣，有一些
以解釋多樣性為基礎的閱讀和解釋的唯意志
論的形式，我們大多數人也會否認，所以這
裏有一個共同點。但在那些探索之後，人們
一定還會回到對馬克思主義者至關重要的問
題：文化生產方式的所有權或控制權。這就

會把焦點集中到作爲對立批評家的一個重要問題上面。在某種意義上說，若要在學術機構中作爲一個對立的批評家發揮作用，總是有反對其他地方產生的文化作品或文化現象的危險。這種情況對學術機構來說是構成性的，不論你在學術機構內部多麼正確地談論某些類型的文化生產，你都很難擺脫這種危險。於是就會出現這樣的問題：什麼時候對文本進行思想意識分析，是不是我們正在做的更爲正確？也就是說，是不是這種揭示會說明支配性的意思，從而使他們不致進入未曾受到挑戰的一般的潛意識當中。伊戈頓認爲這是非常重要的，人們必須爲之辯護，但同時它又具有內在的局限，因此激進的批評家最後不可能對它完全滿意。

伊戈頓是一個自覺的「西方馬克思主義」者。他承認自己是在法蘭克福黨派的影響下成長起來的，馬庫色（Herbert Marcuse）、班傑明（Walter Benjamin）、阿多諾（Theodre Wisengrund Adorno）都曾對他有過相當大的

影響。他認爲資本主義發展到了一個不再能
用傳統馬克思主義進行解釋的階段，或者
說，必須重視認識和重新解釋馬克思主義才
能把它應用於當前的社會現實。他認爲，馬
克思主義之所以能在西方再度興起，恰恰是
因爲一批「馬克思主義者」對馬克思主義作
了新的闡釋。這裏所說的「馬克思主義者」，
即指盧卡奇、葛蘭西、班傑明、阿多諾、馬
庫色和沙特等人。這些都不是中國讀者容易
認識的理論，或者說中國讀者很難承認它是
「眞正的」馬克思主義理論。但伊戈頓認爲，
它們確實是一批令人鼓舞的、內容豐富的作
品，這批作品試圖超越「文化」、「意識」、
「基礎」和「上層建築」等不適當的、或機械
的概念，用更高超的方式去思辨。更重要的
是，它無情而徹底地反對用機械宿命論來解
釋馬克思主義，強調人類意識、行爲、道德
價值和生活經驗的中心地位。因此它特別適
合一些唯物主義的美學，這種美學一方面可
以對傳統文學批評中過於狹隘的形式主義的

考慮進行挑戰，另一方面也可以對宿命論的馬克思主義中那些有時片面陳舊的準則進行挑戰。伊戈頓提出，當代資本主義的社會與文化、藝術都發展到了一個新的階段，這就需要馬克思主義理論家對此加以重新解釋。

伊戈頓在學術上雖然最終沒有重走他的老師威廉斯的老路，但在建立新的馬克思主義美學理論時，還是深受威廉斯的影響。從總體上說，他採用了威廉斯的用文化的動態發展來涵蓋和分析社會生活方式的研究方法，但他同時對威廉斯從「感覺結構」來認識藝術的時代特徵的經驗主義立場持超越的態度。從對經驗主義的放棄，他走向了阿圖舍的意識形態批判理論。他認為，阿圖舍提出了一種關於文學與意識形態之間關係的更為細緻的說明，他的貢獻在於對藝術與意識形態之間的關係作了結構聯繫的探索。這表明意識形態本身有結構上的連貫性。正因為它具有這種相對的連貫性，它才能成為科學分析的對象。科學的批評應該力求依據意識

形態的結構闡明文學作品；文學作品既是這
種結構的一部分，又以它的藝術改變了這種
結構。科學的文學批評應該尋找出使文學作
品受制於意識形態而又與之保持距離的原
則。由此，伊戈頓最終形成了自己的理論出
發點，即把威廉斯的文化唯物主義與阿圖舍
的意識形態理論結合在一起，對文學藝術活
動進行文化生產的分析。

　　作為社會底層出身的知識份子，伊戈頓
念念在心的始終是千千萬萬普通勞動者的眞
實處境。他知道為什麼理論和理論為什麼。
在那本獻給他的父親——弗朗西斯·伊戈頓
的《批評與意識形態》中，他坦言：「我們
最能做的事情是醞釀好語言，說出來以驅散
被綁在日常需要之上的那些人們的恐懼，成
為被不公地窒息了聲音的同志的吶喊。」可
以說，他的「政治」並非服務於並圖解於某
種政治集團的決議和綱領的效忠行為，而是
既博大亦具體的意義上的現實關懷和對當下
社會結構的內在批判。正是由於這種現實關

懷，他始終持一種廣闊的文化視野，堅持文化諸意義互相闡發的關係，尤其是堅持將作爲社會意義總體的文化置於作爲社會根本結構的一般生產方式之中，依照這個觀點，文學絕不只是一個結構形式的進化和選擇本身的問題，同樣，作爲觀念形態的美學也絕不是一個完全自律的精神家園。所以才會有伊戈頓的在文學、美學、政治學、社會學、歷史學諸方面的立體的理論探尋。

此外，伊戈頓之所以能在一個廣闊的文化視野中審視當代藝術，是因爲他不迴避與理論對手的直接遭遇。八〇年代以來，由於種種歷史和現實原因，「文化」成了越來越全球化的主題，其中主流傾向是用文化解釋一切後現代文化主義，「文化」成了解釋人們從審美意識到吃喝拉撒的最終「能指」。但文化不全是文化人類學的問題，正如人的問題不全是吃飯問題。作爲思想表達者的知識份子，大部分還是知道並固守自己的終極價值的。如果有人要離開人與人的現實歷史關

係，將特定社會結構的問題轉換成觀念變遷
的文化問題，那僅僅是爲了掩蓋問題的眞實
性和癥結所在。正是由於這種深切的現實政
治關懷，伊戈頓看到了整個歷史上絕大多數
人所體驗的、一直是苦難和受壓迫的生活，
對此，更重要的不是灑一把浪漫主義的同情
淚或說一些自由主義的漂亮話，而是能更深
刻地看到開著自己的汽車到南方陽光明媚的
希臘海灘度假的工人，實際上並沒有眞正解
放自己。所以伊戈頓仍堅持馬克思主義，在
他看來，只要仍然存在著壓迫，作爲最徹底
的解放理論的馬克思主義就不會失去它的有
效性，馬克思主義仍然是對消費資本主義進
行內在批判的最先進的武器。他堅持認爲，
馬克思主義的危機不是由於蘇聯和東歐官僚
統治機器被推翻之後出現的政治幻滅感，而
是由於資本主義已經沒有眞正意義上的政治
反對派而導致的一種更爲普遍的虛脫感和挫
敗意識，他堅定地相信，人們之所以成爲社
會主義者，絕不僅僅是因爲他信服了唯物主

義的歷史理論，或被馬克思的經濟學算式的
說服力所打動，最終而言，做一個社會主義
者的唯一原因，是他反對歷史中的絕大多數
男男女女一直過著痛苦而低下的生活，他相
信這種生活在將來是可以改變的。正是因爲
伊戈頓有這樣的信念，才使他自接受馬克思
主義後，便義無反顧地在這條道路上堅定地
走了下去。

第二章
馬克思主義文藝研究的
最初成果

　　伊戈頓自七〇年代開始出版馬克思主義文藝理論與美學理論的專著。一九七五年至一九七六年間，他先後出版了《批評與意識形態——馬克思主義文藝理論研究》、《馬克思主義與文學批評》等專著。從這些著作中我們可以看出，他的文化生產理論是在對威廉斯和阿圖舍的理論的綜合基礎上形成的。他對這兩位理論家的思想既有吸收，又有揚棄。他認為，威廉斯理論的文化動態性質的分析是有價值的，但卻囿於經驗主義的框架，沒有分清主觀經驗和客觀社會條件的區別，必須抓住意識形態在主觀經驗構成中的作用，才能真正說明文化的動態性質。這就必然要吸收阿圖舍的意識形態理論，主張意識形態是將個人造就成主體的基本機制，它時時在從事主體的建構。同時，他又不同意阿圖舍所認為的藝術本身不是意識形態的觀點，提出意識形態是「為我們的事實陳述提供資訊和基石的隱蔽的價值結構」，並不是簡單地指人們所具有的根深柢固的、常常是潛

意識的信仰。伊戈頓具體地是指那些與社會
權力的維護和再生有著某種聯繫的感覺、評
價、理解和信仰的模式。文學與歷史現實並
不是直接相關，但卻根源於由現實產生的意
識形態這樣的「信仰的深層結構之中」。然而
文學又並不直接反映意識形態，它與意識形
態的關係是一種文化生產的關係。文學是一
種意識形態的生產，特別是審美意識形態的
生產。

　　在伊戈頓把威廉斯的靜態的文化結構分
析轉變為動態的文化生產理論中，他又接受
了班傑明的藝術生產理論。他認為，阿圖舍
的意識形態理論有其長處，但在一些關鍵之
處又是含混不清的，而班傑明的藝術生產理
論更新了馬克思主義美學的觀念。對用馬克
思主義自身的語言來闡釋藝術問題，開拓了
新的道路。因此，「如何說明藝術中的『基
礎』與『上層建築』的更新，即作為生產的
藝術與作為意識形態的藝術之間的關係，依
我看來，是馬克思主義批評當前面臨的最重

要的問題之一。」❶於是他提出了文化生產
的理論，著重分析「文化意義的生產，不僅
是按照製品來說，而且按照文化意義生產的
其他形式談論」，還要「回到馬克思主義者至
關重要的問題：文化生產方式的所有權或控
制權」。

伊戈頓的文化生產理論試圖建立一種新
的馬克思主義美學理論體系，著重研究「作
爲文學的意識形態話語的生產規律」。他認
爲，爲了達到這個目的，有必要去發展一種
方法，用它可以確立文學作品的結構，檢查
它們是如何連結在一起的。這種美學理論由
六大範疇構成，即：

一般生產方式（general mode of
production），指一定社會中占主導地位的社
會物質生產方式，它不僅構成社會存在的基
礎，而且成爲其他生產，特別是藝術生產的
前提。

文學生產方式（literature mode of
production），從屬於一般生產方式，由生

產、分配、交換、消費等環節和結構組成。比如在發達資本主義社會結構中，文學生產方式中居於統治地位的是大規模的資本主義出版、印刷和發行，它們再生產一般社會生產中居於統治地位的那些因素，但也作爲一種至關重要的成分與次要的生產方式進行合併：文學生產者本人的工匠模式，他象徵地出賣他的勞動產品，給出版商以換取生活費用。它是文學作品意義的生產，理解文學作品的意義不能脫離文學生產的各個環節以及它的生產方式。每一個文學文本都在某種意義上內化了它的社會生產關係，每一文本都以其特殊形態指示著它的消費方式，都在自身中包含著一個意識形態的代碼，說明它是由誰、爲誰以及如何生產出意識形態。

　　從以上兩個範疇可以看出，伊戈頓在界定文學藝術的根本性質時，是把它們視爲意識形態的生產的。這一看法與經典馬克思主義不同，也與其他「西方馬克思主義」者，甚至與班傑明、布萊希特（Bertolt Brecht）

這些藝術生產理論的倡導者的觀念不同。他
用文化生產的觀念連接了基礎與上層建築的
複雜關係，作爲意識形態的文學藝術與基
礎、上層建築的複雜關係，文學與社會歷
史、意識形態的複雜關係。在這裏意識形態
在文學生產中有多重因素、多重聯繫，下面
三個範疇就表述了這些關係。

　　一般意識形態（general ideology），指一
定社會中占主導地位的意識形態，它反映和
表現社會的物質生產結構，以及個人主體對
社會狀態的體驗關係，構成一系列的價值話
語。

　　作者意識形態（authorial ideology），指
作者被置入一般意識形態這一符號秩序的特
有方式，這一置入是由諸種因素多元決定
的，這些因素是：社會階級、性別、民族、
宗教、地區等。這些因素在一般意識形態中
不是孤立存在的，應當研究其間的聯繫。作
者意識形態是社會一般意識形態在個人身上
的獨特體現。比如：康拉德（Joseph Conrad）

的作品不可能簡單地依據康拉德本人的「心
理」因素來說明，因為個人的心理也是一種
社會產物。康拉德世界觀中的悲觀主義，是
他那個時期流行的意識形態上的悲觀主義在
藝術上的獨特轉化，即感到歷史徒然地循
環，個人冥頑而孤獨，人類價值相對而荒
謬，這標誌著與康拉德本人密切相關的西方
資產階級意識形態中的嚴重危機。

　　審美意識形態（aesthetic ideology），指
一般意識形態中的特殊的審美領域，它與倫
理、宗教等其他領域相連接，為一般生產方
式所最終決定。它是一般意識形態中的「文
化意識形態」的一部分，它包含審美的價
值、意義、功能等。文學藝術是審美意識形
態的組成部分，而文學的話語、風格、傳
統、實踐以及文學理論等，都屬於審美意識
形態。文學的生產就是審美意識形態生產。

　　文本（text），文學藝術的文本就是上述
各種因素在多元決定的狀態之下進行生產的
產品。伊戈頓的文化生產理論就是分析文化

文本的生產過程與產品形態的理論。文本是
以上五個因素綜合作用、生產的結果，即是
在由一般生產方式所最終決定以及有相對獨
立性的文學生產方式中，在處於一般意識形
態的總體結構中的作者意識形態的操作之
下，生產出來的審美意識形態。

　　在伊戈頓看來，文學的生產受一般意識
形態的影響和制約，但文學生產的特殊性和
能動性在於，文學與一般意識形態的關係並
不總是處於同一模式之中，不同的文學生產
方式可能在它的文本的意識形態特徵方面再
生產同樣的意識形態結構。在一般意識形態
和文學生產方式之間沒有必然的同一關係，
他舉例指出：一部依原貌連續出版的維多利
亞小說，儘管屬於多種生產方式，卻可以棲
息在同一意識形態之內。相反，相同的文學
生產方式可以再生產彼此對立的意識形態形
式：狄福和費爾丁的小說就是如此。再生產
一般生產方式的諸社會關係的文學生產方
式，可以與某些起決定作用的意識形態形式

相衝突：對資產階級的價值關係的浪漫主義
的否定，在很大程度上決定了文學生產方式
與一般商品生產的結合。相反，一種與一般
生產方式的諸社會關係相牴觸的文學生產方
式，卻仍然可以再生產居於統治地位的意識
形態的各種形式。

　　而文學生產從創造角度而言，是作者的
生產活動。因此，在把一般生產方式與文學
生產方式聯繫起來的時候，就必須研究其個
人的寫作活動與社會的出版、發行的生產方
式的關係，以及這樣的生產方式與意識形態
怎樣連接，而形成審美意識形態的生產。在
傳統的主體創作論模式中，我們無論是運用
反映論還是表現論來說明文學，比如艾略特
（T. S. Eliot）的創作，就總是不明白艾略特作
為一個藝術家的社會地位：他屬於自覺的博
學者、進行創作試驗的高雅人士、能自由支
配自己特殊的出版方式（小出版社、小雜誌
社），也不明白這種出版方式擁有的是什麼樣
的讀者，這種讀者對這首詩的風格和手法又

有什麼影響。我們不明白這首詩與有關美學
理論之間的關係，不明白這種美學在當時的
意識形態中起什麼作用，又怎樣形成這詩歌
本身的結構。而文化生產論美學的獨特之處
就在於，它能回答上述問題。

　　而且，在文本生產中，作者意識形態起
著中樞的作用，作者意識形態在總體上，是
一般意識形態的組成部分。而一般意識形態
是社會意識形態的價值和表象的總體，由於
作者被置入一般意識形態的方式和角度的不
同，因此作者意識形態與一般意識形態關係
也是複雜的，它們在總體同構的前提下，與
社會主導的意識形態又形成完全同構、部分
同構部分矛盾、相互對立的三種關係。而且
這一種關係在同一作者身上都可能會同時有
所表現。一般意識形態以話語的方式存在，
這種社會話語先於作者創作而存在，作者創
作時運用的話語就是對一般意識形態話語的
進入。作者個人話語顯然受到社會話語的加
工，而同時作者也在加工著社會話語，從而

使文學的生產呈現出相當複雜的面貌。由於
作者的加工使用是審美的方式和手段，這種
對社會話語進入和加工的方式，就使文學作
品成了審美意識形態的產品。

　　一般理論家都認為，美學的方式就是藝
術的形式，而形式則是對內容即意識形態的
表現，是與意識形態有所區別的。而伊戈頓
則認為，美學的形式也是意識形態，把形式
單純地視為意識形態內容的表達，就離開了
生產論的角度，退回到了反映論的立場。審
美意識形態中的審美形式是一種具有相對獨
立性和能動作用的東西，它在藝術生產中常
常在表現特定意識形態的同時，又要突破和
超越意識形態的話語結構，形成自己獨特的
話語結構，這本身就是對意識形態內容的改
造，顯現出一種新的意識形態意義。審美形
式是一種能指，比如在布萊希特的戲劇的間
離手法中，能指在間離一個約定俗成的所指
的過程中，使所指產生了問題，那麼同樣的
過程也可以在反方向上展開：所指——歷史

的矛盾——反過來又對能指本身的界限提出質疑。作者的意識形態被審美形式的風格、語言、格調、語彙所傳達出來，形式作為審美代碼、符號，居於各種層次的意識形態複雜關係和藝術作品文本之中，成為二者之間的仲介，並使作品文本成為審美意識形態的負載物，使文化生產具體化。

　　由此，伊戈頓既把藝術看成一種意識形態，又把它看成一種與一般社會生產在層次上相同的藝術生產，即審美意識形態的生產。他的文化生產理論就是具體分析在複雜的意識形態關係中，文學生產方式與一般生產方式的聯繫和區別，又在兩種生產方式的交互作用中，來說明一般意識形態與作者意識形態在一定審美常規條件下，相互滲透、衝突，成為具有獨特審美意識形態的文本的過程與特點。近十年來，由於受到後結構主義思潮的影響，伊戈頓的思想也有所變化和發展，日漸離開阿圖舍的「科學」理論，逐漸向布萊希特和班傑明的藝術政治學方向轉

化。不過他仍然關注著文化生產問題，只不
過注意的重心從作者的創造轉向了讀者對文
本的解讀，且更加重視文學藝術在社會中的
實際作用，特別是在社會意識形態鬥爭、政
治鬥爭中的作用。在進行這些論述分析時，
他廣泛運用了後結構主義的文化理論，但觀
察視角仍然是他在威廉斯和阿圖舍基礎上發
展起來的文化生產理論。

註釋

❶特里‧伊格爾頓（Terry Eagleton），文寶譯，《馬克思主義與文學批評》，北京：人民文學出版社，1986，頁80。

第三章
文學批評的價值分析

　　一九七五年，伊戈頓出版了《批評與意識形態——馬克思主義文藝理論研究》一書，該書的最後一章是「馬克思主義與審美價值」。他提出馬克思主義的文化生產理論，必然要建立自己的文學的審美價值理論，這個問題的提出是有相當意義的。自本世紀初，新康德主義首先提出文化價值理論，並被一些西方美學家運用於藝術研究之後，審美價值問題就成了當代美學的焦點問題。由於新康德主義的唯心主義性質，西方當代美學在審美價值問題上，又散布了不少錯誤觀點。即使在唯物主義內部，也被搞得十分混亂。經典馬克思主義美學由於長期囿於反映論單一理解的模式中，不關心審美價值問題，致使這一問題在馬克思主義美學內部也是一個空白。爲此，伊戈頓有針對性地提出：「馬克思主義的批評確實應當果斷地介入『價值問題』了；然而，文學上的極左主義僅僅因爲現在普遍進行的價值評價是資產階級批評的產物，就予以摒棄。用這種極左

主義的方式，是肯定得不到任何結果的。馬
克思主義批評的任務是給文學價值的基礎提
供一種唯物主義的解釋 —— 這個任務依我看
來，雷蒙德・威廉斯在評論英國小說時遠遠
沒有完成。……唯心主義只能給價值標準提
供主觀主義的解釋，除此之外，它再也拿不
出更多的貨色。」❶從伊戈頓的論述中可以
看出，關於這方面的爭論主要是圍繞著價值
論與反映論展開的。一方面是「唯心主義給
價值標準提供主觀主義的解釋」，那就是說，
把價值問題歸結爲與反映無關的主觀單方面
的「評價」；另一方面則與第二國際庸俗的
馬克思主義有關，從相反的方面只是片面地
強調反映─說明，而否定價值判斷。所以，
伊戈頓說道：「『美學』是太有價值了，不能
取消對資產階級美學家的鬥爭，而放棄它；
它又太容易被資產階級意識形態所污染，所
以不能聽之任之。」❷

　　伊戈頓總的思路是：把文學的價值觀念
納入文學生產論之中，最終使價值論與反映

一認識論統一起來，即使唯心主義對事實一
價值的割裂加以彌合。這一總體思路貫穿於
他從七〇年代後期到九〇年代初期的一系列
著述中，可以說，這是他在這一時期對馬克
思主義理論建設的最重要的貢獻之一。他認
為，馬克思主義文學批評的任務是給文學的
價值基礎提供一塊唯物主義的解釋陣地，
「在文學生產的基礎上，重新思考價值問
題」，也就是，「文學必須在一般文化生產的
領域裏重新定位」。在這裏，他把馬克思主義
關於價值的觀念、班傑明的藝術生產理論同
現代闡釋學與現象學美學一接受美學的積極
成果結合起來，認為固定不變的價值是不存
在的，即不參加「（文本與讀者之間的）相互
交易」的價值是不存在的，據此他給文學價
值作了如下說明：文學價值是這樣一種現
象，是文本在意識形態挪用中產生出來的，
是閱讀行為作用的「消費性生產」。價值總是
相互關係的價值，即「交換價值」。❸

　　根據馬克思的政治經濟學原則，價值是
指能夠滿足主體需要的客體的一定素質或條
件。文學藝術作為生產的產品，能夠滿足人
們的精神需要 —— 對種種知識、情感、思想
觀念和藝術形式美等的需要，其價值之客體
性構成條件即在於作為精神生產產品的自身
素質 —— 美學在思想上透過一定的外在形式
表現的「意義」。因此，伊戈頓對文學的價值
理論在生產理論上重新定位，又是把價值論
與闡釋學上的「意義」論結合到一起了。伊
戈頓把文學的價值定位於（藝術）生產與消
費之間的（主客體）關係 —— 也就是創作與
閱讀之間的關係上，這是根據馬克思的理論
提出的。馬克思在《1857-1858年經濟學手稿》
中寫道：

> 生產不僅為需要提供材料，而且它也為
> 材料提供需要。……消費本身作為動力
> 就靠對象來作仲介。消費對於對象所感
> 到的需要，是對於對象的知覺所創造

的。藝術對象創造出懂得藝術和具有審美能力的大眾，──任何其他產品也都是這樣。因此，生產不僅爲主體生產對象，而且爲對象生產主體。……它生產出消費的對象、消費的方式、消費的動力。同樣，消費生產出生產者的素質，因爲它在生產者身上引起追求一定目的的需要。❹

因此，文學作品的價值不是由作家、作品或讀者單方面決定的，它是相互作用的結果，是不斷變化的過程。所以伊戈頓在價值問題上批判了「歷史主義」和「形式主義」，這兩種觀點都是把價值看成是固定不變的。所以這裏所說的「歷史主義」當然不是歷史唯物主義，而是把作品看成是一種與作家「在特定的歷史時代的『階級立場』」之「『世界觀』的『表現』」之庸俗社會學。伊戈頓指出，這種觀點只是把「文本的物質性」變成「一見可知的歷史的『意識』」，而形式主義則

把價值用作品的內容（「質料」）分離開來，
抽象出純形式、唯美學的東西。所以伊戈頓
指出，只有進行「兩方面的抵制，才是在價
值問題上的唯物主義研究的態度」。❺

伊戈頓認為，文學價值實現的歷史實踐
必須作為「文本確實在進行（再）生產來研
究」。這種「再生產」是對既有文本的解讀的
歷史。在這裏，他強調了兩個方面：一是質
料（物質）性的東西，一是精神性（思想）
性的東西。他說：「我們閱讀（消費）的是
某種意識形態為我們閱讀（生產）的東西，
閱讀就是在特定的文本的意識形態生產中對
文本的決定性物質（材料）的東西的消費。」
❻在這裏，「意識形態」是與文本的「思想
意義」相關聯的，「物質性」的東西當從作
品的「素材」、「媒介──物質載體」與「內
容」的關聯方面去理解，當然「內容」又是
與思想不可分割的，還可以從作家作為生產
者的「物質生活的生產方式」去理解。

伊戈頓說明，文學的文本，總是對於意

識形態而言的文本，總是歸之於為特定的意
識形態所支配的批評接受性框架（某種常
規），才是可閱讀的和可破解的。這裏所說的
「接受性框架」相當於美國學者詹明信
（Fredric Jameson）所歸納的四種闡釋批評的
「深度模式」。它們既是解讀的主體性結構，
也是寫作的主體性結構。

　　伊戈頓指出，這種作為常規的框架同
「物質性」東西的關係表現為「被套在文化和
教育的物質模子上」，它表現為「普遍」意識
形態話語與文學審美特性的超決定的結合。文
本的這種結構上結合的「超決定性生產」表現
為一種閱讀操作。因為閱讀是一種把文本作為
「物質（材料）」所進行的「可閱讀性的生
產」，它也就是一種特別的歷史的意識形態生
產。這顯然把文學作為一種特殊的文本之意識
形態生產與一般的非意識形態單純物質生產區
分開來了。因為文本是一種「既在跨越意識形
態，又隨同它與之共謀的意識形態生產」，所
以閱讀作為「意識形態生產的意識形態生

產」，在文本的這條路線上，既「隨同它」，又「跨越它」，在閱讀對文本的意識形態生產的關係所決定的「雙重運動」之中，並又「超出文本的意識形態生產之外」，閱讀才是「生產」。這樣，伊戈頓從「消費也是生產」（生產透過消費產生出一個消費者）出發，闡明了它們（文本生產和閱讀消費）與意識形態的總體框架之間若即若離的複雜套層關係。文本產生著自己的讀者，即使是作為一種「誤讀」，但這種關係又不是在經驗主義的接受層面上的「闡釋學循環」的路徑，而文本自身所提供的生產的可能性途徑，就自然地構成了閱讀的意識形態行為。所以，「文學文本生產對於價值問題的理論重要性，不在於文本與闡釋在意識形態層面上的共同關係，而在用文本自身的歷史性自我生產與文本的意識形態框架的關係上。正因為這個過程是可能進行科學分析的……所以文本才可能是一種知識——一種把價值問題作為其多側面的一個包含其中的知識。」❼

　　在這裏，伊戈頓還批評了「經驗主義」

與「唯意志論」兩種弊端，前者認為文本「自然而然地在讀者那裏再生產出它的意義」，後者則主張「隨意地將他的意思投射於文本之上」。伊戈頓在美學上所提供的超出馬克思經濟學上的東西在於，他強調了文本生產與閱讀消費之間的動態平衡，文本與它所生產的思想意識之間的關係既不是機械同一的，也不是由主體或客體單方面決定的。

文學文本批評作為一種價值判斷來看，它包含著從「文本語義結構的特殊形式」、「富有魅力的符號遊戲」，透過「非現實性」、「非自然性」，透過我們的「共鳴」的思考，達到「歷史真實」。伊戈頓把價值論與反映論最後統一的層面放到歷史評價上，因為每一文本「所描寫的歷史真實」並不是同等重大的價值，但每一文本必然同它周邊的歷史的東西發生關係，這種關係對價值是帶有決定性的，但這又不是說有價值的文本總是「進步」的價值和力量的承擔者；也不是說它是進步的「階級主體」的純粹反映。這樣，價

值論與反映論的統一就與機械反映論劃清了
界線，這種統一的基礎，也就是歷史唯物主
義。

　　由此出發，伊戈頓進一步指出，文學並
不是導向意識形態的文獻形式。它本身是語
言結構的一種特殊形式。這種結構依靠作品
語言對一般語言意指作用的常規方式的背
離，製造語義上的特殊混亂，把所製造的語
義以某種方式推到了前台。文學的語言表現
手段的特殊性，更能顯示作者個人與社會一
般意識形態的複雜關係。讀者的閱讀，也是
在對文本語言的解讀中進行的。文學的價值
也就表現在文本的語言符號重疊、拉長、緊
湊和多樣化，把它們從單一的決定因素的桎
梏中解放出來，用史無前例的一種自由來吞
沒它們和取消它們，以便把讀者進一步拖向
經驗的大門，進入由此而形成的空間。顯然
是在這裏，價值問題捲進來了。因為並不是
每一個文本都跟所有其他文本那樣，用同一
種方式使它的意義「折曲」和「集中」到同

一個程度，每一個文本所描述的歷史真實，
也不是都有意義的。文學的審美價值、審美
語言的獨特運用，是文學作品價值的重要來
源。但隨著後結構主義語言學轉向的理論勢
態的發展，後來伊戈頓更多地運用語言學語
義分析方法來讀解作品文本、闡釋藝術價
值。

　　從伊戈頓近十年的思想發展軌跡看，他
如今更重視對藝術價值的探討，也更加明確
地把藝術價值與意識形態，特別是意識形態
的政治傾向、政治效果聯繫起來，論述藝術
政治學的藝術價值論。他於一九八三年出版
了《文學原理引論》（*Literary Theory: An
Introduction*），其出版的目的是試圖以通俗的
方式向英國非專業讀者介紹二十世紀以來的
主要文藝理論，如英美新批評、現象學批
評、闡釋學和接受理論、結構主義和符號
學、後結構主義、精神分析，該書的「引言」
標以「什麼是文學」，「結語」標以「政治批
評」，前後呼應，其鮮明的觀點不難看出。

　　伊戈頓指出，人們對客觀世界事物的認
識，在事實判斷和價值判斷之間有一種通常
想當然的截然區分，即把前者當成是不帶任
何主觀色彩的純客觀的陳述，把後者看成是
純主觀的評判。伊戈頓認為，不僅帶有明顯
褒貶的判斷是在進行評價，任何關於事實的
陳述也不能逃脫價值評定。他說：「我們所
有的描繪性陳述，都是在一個往往看不見的
價值範疇的網狀系統中運行，事實上，如果
沒有這種範疇，我們彼此就根本無話可說。」
❽因為在他看來，陳述都是以主體的知識結
構為根基的，而知識又往往為某種利益判斷
所歪曲。利益使我們的知識「得以構成」，危
害我們的知識的不僅僅是偏見。聲稱知識應
「不帶評價」，這話本身就是一種價值評定。
這就是說，價值系統和知識結構共同為利益
所制約。這裏所說的「利益」也就是根本的
經濟——物質的占有與分配。所以他認為完
全不帶評價的「無關利害的陳述」，實際上是
不可能的。

　　與事實判斷的純客觀性相反，價值判斷
在一些人看來又是純主觀的。伊戈頓舉英國
新批評代表人物理查茲（I. A. Richards）在
他的《實用批評》一書中的實驗性為例：出
示一組詩歌給學生，隱去詩人的名字，讓學
生評價，結果是各種各樣的，久負盛名的詩
人遭到貶低，而沒沒無聞的作者受到稱讚。
理查茲以此說明評價完全是主觀的。然而伊
戈頓卻得出了完全相反的結論。他認為，這
項試驗最有趣的地方在於，一種潛意識的共
同性牢牢地主導這些特別的意見分歧，而理
查茲本人顯然沒有看出這一點。從理查茲的
書中所錄學生們對文學文本的解釋可以看
出，他們對一首詩的反應主要不是取決於
「純文學」的事實。他們的批評意見受到他們
更為廣泛的偏見和信仰的深刻影響。而這種
偏見和信仰所影響的主觀評價的差異，則是
在一種特殊的社會所造成的觀察世界的方式
中產生的。在某種程度上，我們總是從自己
的利害關係角度來解釋文學作品的。

伊戈頓指出，把文學看作是一種客觀
的、描述性的樣式是不正確的，同樣，說文
學是人們異想天開地稱爲文學的東西，也是
不正確的。文學創作如此，文學批評──闡
釋──理論系統也是如此。他寫道：

> 傳達並支援著我們的事實陳述的巨大的
> 隱蔽價值結構，就是所謂「意識形態」
> 的組成部分。我們所說的「意識形態」
> 粗略說來，是指決定我們所說和所信東
> 西的方式與權力結構的連接，和我們生
> 活中的社會權力關係的連接。……我們
> 說的「意識形態」並非簡單地指人們所
> 持有的那些根深柢固的，常常是無意識
> 的信念；我主要指的是那些感覺、評
> 價、認識與信仰方式，它們與社會權力
> 的維持和再生產有某種關係。❾

伊戈頓在該書的「結論」中，說明「政
治批評」這一標題並非意味著最後拿出一個
文學的政治代替物，而是意味著「我們所考

察的文學理論具有政治性」。他說，不必把政治拉進文學理論，政治「從一開始就在那裏」。「政治」一詞所指的僅僅是我們組織自己的社會生活的方式及其包括的權力關係。他認為文學理論一直是政治信念和意識形態史的一部分。的確，與其說文學理論本身有權作為知識探究的對象，不如說它是觀察我們時代歷史的一個特殊角度。因為與人的意義價值、語言、感情和經驗有關的任何一種理論都必然與更深廣的信念密切相連。這些信念涉及個體與社會的本質、權力與性問題，以及對於過去的解釋、現在的理解與未來的展望。「純」文學理論只是一種學術神話，正如伊戈頓這本書所考察的，有些理論無視歷史政治的企圖，恰恰最能清楚地透露自己的「意識形態性」。文學理論不應因政治性而受到譴責，應該受到譴責的是它對自己的政治性的掩蓋或無知，是它假定自己的「技術的」、「不證自明的」、「科學的」或「普遍的」真理原則時的那種盲目性；而只要

稍加思考，我們就可以發現，這些理論與
「特定時代中特定集團的特殊利益相連並加強
它們」。

伊戈頓特別強調，應該反對的不是文學
理論的政治性，也不是因其經常忘記這一點
而導致的「誤區」，而是其政治內容的性質。
但在這個問題上，他又說明，文學理論與政
治權力的關係並非意味著很多文學理論家會
以某種方式贊同某種不合理的社會制度。問
題僅僅在於，這些理論家並不認為文學理論
與不合理的制度之間有某種關係。他指出，
甚至在文學對現代意識形態的逃離中，也經
常暴露出它與之「同謀的關係：它認為那些
用於文學作品的『美學』或『非政治』語言
是很自然的，但就是這些語言流露出它的貴
族主義、性別歧視或個人主義……」。意識形
態對於它們的支配在任何時候都不如在他們
真誠地相信自己的閱讀之「清白性」時表現
得那麼明顯。

伊戈頓的深刻之處就在於，他所謂的文

學理論、文學批評的政治性，並不是具體地
與政治活動的目標直接聯繫在一起，不是要
求文學藝術去配合特定的政治鬥爭，為某一
特定的政治任務服務，而是指文學批評在對
文學現象進行價值分析時，所確立的話語是
具有意識形態、政治性的權力話語。這就使
任何美學理論、文學理論都成了政治學。他
說：「批評話語的權力是在幾個層次上起作
用的。它就是起著『警察作用』的語言的力
量——決定某些陳述因素其不具備可被接受
的可說性，而必須予以排除在外，它是監督
寫作本身的那種力量，它把作品區分為『文
學的』與『非文學的』、可長久保持的偉大的
與暫時流行的。它是他人的直接面對的權威
力量——也就是規定並維護這種話語的人與
那些經過挑選方可接納參與的人之間的力量
對比關係。它是評定把這種話語說得好或不
好，從而給予或不予證明的那種權力。最後
它就是文學學術機構與社會對權力的主要興
趣之間的力量對比關係：文學學術機構是上

述這一切發生的地方，而社會的意識形態的
需求以及社會的辦事人員的再生產都要求繼
續保存和有控制地發展這種話語。」**❿**

　　他認為，當代許多美學、文學理論話語
背後隱藏的價值體系是自由人道主義。而
「自由人道主義」的軟弱無能是它與現代資本
主義矛盾關係本質的表現。因為儘管它是這
種社會的「官方」意識形態的一部分，而且
「『人性的美德』注定要再生出自由人道主義
來，但它所存在的社會秩序留給它的時間卻
是極少的」。**⓫**「於是，高等教育中的文學院
系就成為現代資本主義國家的意識形態機
器。」「文學理論家、批評家和教師們，這些
人與其說是學說的供應商，不如說是某種話
語的保管人。他們的工作是保存這一種話
語，他們認為有必要對之加以擴充和發揮，
並捍衛它，使它免遭其他話語形式的破壞。」
⓬伊戈頓的這些分析對於我們現代社會認識
文學藝術及美學、文學理論的政治性，是有
啟示意義的。他反覆強調的是，文學批評不

論顯得多麼公允，從根本上說它們永遠具有
強烈的政治性──不應該被誤認為是企圖把
文化產品所具有的特殊和獨特的品性歸結為
直接的、宣傳性的政治目的。相反，文化和
政治社會之間的關係儘管確實密切，但永遠
是複雜的，而且常常是間接的。

　　有鑑於此，伊戈頓認為，在當代的各種
文學理論中，只有馬克思主義與女性主義才
是正確的。因為只有這兩種理論才正視文學
藝術的政治性，而且按照文化活動與現實社
會權力結構的關係，來分析、評價文學藝術
作品。他強調歷史的指向是未來，雖然馬克
思主義關心現實和過去意義間的關係，但他
認為這些問題永遠從屬於另一問題，這就是
未來的問題。伊戈頓強調，馬克思主義認
為，任何關於過去和現在的看法，都必須與
某種可能或期望中的未來相關聯。在考慮過
去和未來的關係時，我們首先要考慮努力達
到的目的。而馬克思主義與女性主義文學理
論，它們的最終目的都是尋求人類解放的途

徑，都是透過對社會進行社會主義改造以造就「更好的人」。因此他在一九八四年出版的《批評的功用》（*The Function of Criticism*）中又一次指出，現代批評是在反對專制政權的鬥爭中產生的，除非現在把它的未來確定為反對資產階級政權的鬥爭，否則它可能毫無前途。在一九九〇年出版的《審美中的意識形態》（*The Ideology of the Aesthetic*）中，他進一步強調藝術的現代理論的結構與現代社會占統治地位的意識形態的現實結構是密不可分的。審美活動的生產性、實踐性具有一種走向未來的指向，它在現代社會也要向統治階級意識形態發出挑戰，走向共產主義的人類審美化的終極存在，而我們稱為共產主義的人類審美化的存在，不會是因完全沈浸在娛樂和詩歌、直覺和想像而提前出現，相反，它需要用嚴謹的理性分析來掃清達到那個境界的障礙。

伊戈頓對自由人道主義等的分析，從原則上說當然無可厚非，有些地方還可以說相

當深刻，但馬克思主義對這種批評的要求，應是更加歷史化的，就是說，隨著資本主義發展的早、中、晚期，對自由人道主義的分析應具體從當時的情況出發，重要的是分析其不同時期，特別是在當代，分析其不同形態與作用。比如說，後現代主義作為資本主義的晚期文化邏輯，已經在對自由人道主義進行「解構」，即所謂「宏大敘事」危機，馬克思主義的態度應與之有鮮明的區別。當然，伊戈頓說到了社會主義者與自由人道主義的根本不同在於，前者希望使「自由民主」這些概念「得到更充分具體的應用」。

二十世紀八〇年代，西方思想界進入了後現代主義批評與研究的階段。早在《文學原理引論》出版之時，伊戈頓就用相當的篇幅論及了後結構主義，從而把文學理論帶到了當下的時間，並提出要對其走向及發展趨勢「拭目以待」。一九九一年他又出版了《審美中的意識形態》，該書的第十四章便題為「從城邦制到後現代」。在這一章中，伊戈頓

對後現代主義美學做出了分析和研究。如果
說《文學原理引論》是透過對德希達
（Jacques Derrida）、羅蘭·巴特（Roland
Barthes）以及美國耶魯學派的研究，切中了
後現代主義的主脈——即透過對語言結構的
消解，顛覆「普遍概念、確定意義、意識形
態、眞理、社會信仰」，最終封閉在「無限能
指的自由遊戲」之中，那麼《審美中的意識
形態》則以傅柯（Michel Foucault）、李歐塔
（Jean-Francois Lyotard）、哈伯瑪斯（Jurgen
Habermas）等人爲中心，給予更多的哲學文
化的論述。

伊戈頓在對本世紀美學與文學理論的透
視中，貫穿著其「最終的闡釋」——必然是
政治的——原則於始終。一開始表現爲對英
國「新批評派」早期代表人物、詩人T. S.艾
略特的分析，指出「艾略特的攻擊對象其實
是中產階級自由主義的全部思想體系——也
就是工業資本主義社會的官方的占統治地位
的思想體系。自由主義、浪漫主義、清教主

義、經濟個人主義,所有這些都是那些被逐
出有機社會樂園的人的反常怪論,那些人無
所依靠,只能依靠他們自己微不足道的個人
力量。艾略特自己的解決辦法是一個極右的
權威主義:所有的人都應為一種非個人秩序
犧牲自己微不足道的『個性』和意見。在文
學領域,這個非個人秩序即是『傳統』」。❸
伊戈頓進一步分析道:艾略特的「傳統」實
際上也是有高度選擇性的:其指導原則與其
說是著眼於過去哪些作品具有永恆價值,毋
寧說是看哪些作品有助於寫他自己的詩。然
而,與此相矛盾的是,這一武斷的構想也正
因為這一原因而浸透著權威主義的力量。艾
略特以這種「極右的權威主義」來對付「個
人主義 —— 中產階級的全部思想體系 —— 也
就是工業資本主義社會的官方的占統治地位
的思想體系。自由主義、浪漫主義、清教主
義、經濟個人主義」。他的極右權威主義表現
曾與帶有法西斯色彩的「法蘭西運動」調
情,並且幾次以「輕蔑的口吻談到猶太人」。

從根本上說，「新批評」是一種十足的「非理性主義」，一種「與宗教教條、與農業運動右翼『血和土』政治觀點有著密切關係的非理性主義」。❹從伊戈頓對新批評代表人物的批評中我們可以看出，在他看來，即使是「新批評」這樣以文本爲中心、完全摒棄文本之外一切「非文學」因素的批評流派，也並非持與政治無關的完全中立的批評立場，因此，政治傾向不僅是必要的，而且是不可避免的。

　　儘管伊戈頓後期思想方法與路徑有些變化，但有一點是一以貫之的，即對文學藝術的政治分析。即使是在討論後現代主義的諸多問題時也是如此。其實這倒不是伊戈頓有著獨特的政治熱情，而是後現代主義運動本身的強烈政治色彩使然。我們知道，羅蘭·巴特在〈文本的歡樂〉一文中曾宣稱：「文本是那個把自己的脊背露給政治之父（找揍）的撒野的孩子」。德希達在〈人的觀念的終結〉一文中論及美國的解構主義時，認爲其作用

在確保「一種體制的封閉」，爲「美國社會的
統治與經濟利益服務」。伊戈頓認爲，後結構
主義從在話語淪爲科學、商業、廣告和官僚
機構的工具的社會裏的語言危機開始，進行
了消除批評與創作間的明確界線的實驗，最
終卻由於無法砸碎國家機器，而另闢蹊徑，
轉而進行語言的結構顛覆，以此達到顛覆話
語權力的目的，這樣的分析可謂精闢至極。
透過對羅蘭‧巴特〈文本的歡樂〉一文的分
析，伊戈頓認爲，貫穿於整個冷戰時期，西
方左翼進步知識份子在政治上的敵人有兩
個：一是「後期壟斷資本主義的武裝和鎮壓
的國家機器」，一是「表面上與前者對抗，但
骨子裏卻與之同流合污的史達林的政治」。在
經過六〇年代的幻滅之後，西方人感到，所
有的理論、意識形態、確定的意義似乎都具
有了「天生的恐怖主義」的性質，「寫作」
是解決所有這些問題的答案，幻滅後的左派
知識份子可以在那裏尋求樂趣的最後一個尚
未被侵犯的領地，在那裏可以盡情享受能指

帶來的歡樂。

　　關於德希達的解構主義與政治，伊戈頓精闢地寫道，顯然德希達是要得到比一種「新的閱讀技巧」更多的東西，解構主義對他最終是一種「政治實踐」，它試圖摧毀一種特定思想體系的邏輯，在這一邏輯後面是維持著這種邏輯的力量的整個政治結構和社會體制的系統。所以，他不是荒謬地去否定相對確定真理、意義、統一、傾向、歷史連續性之存在，而恰恰是要把這些看作更深、更廣的歷史 —— 語言、潛意識社會體制和實踐 —— 的結果。實際上伊戈頓深刻地描繪、揭示了德希達從非常的政治意圖出發，最後以非常的「非政治化」告終，並從中看出這反映了這一代人的政治幻滅情緒。這種社會政治分析，正如通常把尼采作爲一八四八年革命失敗後的幻滅情緒的反映那樣，雖無更多新奇之處，卻是具有無可辯駁的對歷史的穿透性洞察力，這正是人們常說的真理的平凡性，這也正是以後詹明信所宣稱的馬克思主

義的闡釋。然而，「闡釋」本身是無法替代「實踐」的，馬克思主義並非僅僅是一種「闡釋」，作為一種無產階級的革命理論，它是與工人階級爭取解放的運動結合在一起的。作為辯證的歷史化的「絕對視野」，在眾多的闡釋方法中具有「優先性」，但對於具體個人的操作，無論是伊戈頓，還是其他西方馬克思主義者，都不是完美無缺的。

　　如果這樣從「文本的文本」（羅蘭‧巴特的文本主義批評）與現實政治運動直接引申出歷史社會的政治與文化思潮的分析，顯示了馬克思主義的深邃洞察力與無可辯駁的說服力，那麼同樣的操作卻在別處略顯簡單粗糙。如伊戈頓在評述海德格（Martin Heidegger）的闡釋學時，一方面正確地指出，海德格要回到主客體之間的二元論出現之前的「前蘇格拉底思想」中去，把存在看作是包括主體與客體在內，這種意味深長的洞察力所產生的結果，是令人吃驚地拜倒在「存在」的神秘性面前；另一方面卻又不無粗

糙地指出，這一切以及海德格之相信面臨死
亡的「權威性」的存在優於芸芸眾生，使他
在一九三三年明確支援希特勒——雖然這種
支援是短暫的，但對哲學原理中的一切來
說，卻是絕對的。並且批判海德格的美學思
想引出「在藝術面前我們的姿態應當具有一
種奴性」，這種奴性是他主張「德國人民在元
首面前應該顯示的。資產階級工業理性社會
傲慢的理性唯一代替物，似乎是奴性十足的
自我克制」。伊戈頓認為，海德格歷史觀的要
害在於把History（歷史所發生的東西）與
Geschichte（所發生的體驗為真正的意義的東
西）區分開來，對他來說，「真正的歷史」
是與「在」（Sein）的歷史和「世界的歷史」
相區分的。伊戈頓指出，他的歷史既代表著
「逃離歷史」，也代表著「與歷史相遇」。這樣
的分析可以是相當精闢的，但伊戈頓把這種
歷史觀進一步與法西斯主義聯繫起來，認為
法西斯主義也同樣代表著對壟斷資本主義矛
盾作垂死掙扎的逃避，而要去建立種族滅絕

的「第三帝國的千年史」，這種引申就不能不
使人感到牽強了。誠然，海德格參加納粹黨
是他個人生涯中無法開脫的最爲暗淡的一
筆，有的研究者出於對海德格哲學的特別偏
好，把這一點也說成情有可原，這當然是錯
誤的；但對這種政治行爲的過失與其哲學思
想的錯誤劃等號，也顯然過於簡單化了。雖
然伊戈頓清楚地意識到在這一複雜問題上存
在簡單化的可能性，因而明確表示「這不是
暗示海德格的哲學總的說來不過是法西斯主
義的理論基礎，而是要表明他的哲學爲現代
歷史主義的危機提供了一個臆想的解決方
法，應當像法西斯提供的另一種解決方法一
樣，兩者有很多共同之處」。但是，在具體論
證中，他又不免有一些粗糙和簡單化的傾
向。人類在思想歷史上的迷誤與少數人在歷
史上人性的喪失——超乎獸性的殘酷，首先
是應該區分開來的，同樣，都是極其複雜的
批判，而在尋找兩者在精神現象上的某種相
似，與實際存在著的某種聯繫時應當避免可

能出現的粗糙，慎之又慎。

　　再回到政治與意識形態的關係這個大的
方面來看，政治當然不是文學與理論的外加
物，而是「本來就在裏面」的。但是就意識
形態本身而言仍然有著各「元」間的複雜結
構關係，它們各自與經濟基礎的不同「距
離」、它們相互之間的差異，就在社會生活中
處於不同地位的具體的歷史個人對政治的意
識程度與作用方式而言，更是千差萬別的，
所以這種關係不是因其「本來在裏面」、「最
終隱含著」，僅僅是顯露揭示的簡單問題。值
得一提的是，個人及群體怎樣歷史不同地
「在（政治）」裏面，這種顯露與揭示帶有政
治本身的策略性。特別是「冷戰」，普遍的階
級鬥爭擴大化與實際存在的階級鬥爭糾纏在
一起，人們普遍的心有餘悸與「政治潛意
識」，加上統治階級意識形態製造的種種虛幻
假象，作為馬克思主義在「多元主義」中的
「包容」策略，這時甚至要把「本來在裏面」
的政治適當「拉出來」（如對某些過於政治化

的口號特別加以學術化）。但這並不等於馬克
思主義向自由人道主義屈服，這樣做可以避
免一下子把大多數處於「政治潛意識」中的
人們（特別是第三世界，尚未擺脫思想專制
的地方）嚇回去；重要的是，政治的學術化
是消解直接的權力文化的方式。透過文化闡
釋的具體操作，使「純學術」政治化，「純
政治」學術化，逐步引向政治的自覺，達到
一切文本在歷史視野上的「去神秘化」和
「非面具化」，最終不僅在理論上，而且在實
踐上，恢復「解放」這個作為「宏大敘事」
之最大的政治。

註釋

❶ Terry Eagleton, *Criticism and Ideology* (London: NLB, 1976), p.162.（特里・伊格爾頓，《批評與意識形態》，倫敦：新左派書屋，1976，頁162。）

❷ 同上，頁187。

❸ 同上，頁152。

❹ 《馬克思恩格斯選集》，第2卷，北京：人民出版社，1972，頁10。

❺ Terry Eagleton, *Criticism and Ideology*, pp.166-167.

❻ 同上，頁167。

❼ 同上，頁167-168。

❽ 特里・伊格爾頓，《文學原理引論》，北京：文化藝術出版社，1987，頁17。

❾ 同上，頁18-19。

❿ 同上，頁138。

⓫ 同上，頁234。

⓬ 同上，頁235。

⓭ 同上，頁49。

⓮ 同上，頁61。

第四章
從城邦制到後現代

　　後現代是一種哲學化的政治文化，這種
哲學是對世紀的政治的哲學反思，是世紀哲
學都來一試身手的最後場所。作爲一名馬克
思主義學者，伊戈頓自然關注這一領域，並
發表了自己獨特的見解。

　　在《審美中的意識形態》一書中，伊戈
頓以一種原始的和寓言式的形式講述了一個
韋伯式的故事：在很久以前，即在資本主義
崛走之前，甚至在人類首次墮落之前，肯定
在我們的感知力渾融未分之前，有這樣一個
社會，那時哲學的三個偉大問題——我們能
夠認識什麼？我們應該做些什麼？我們被什
麼東西所吸引？——相互間尚未完全區分開
來。也就是說，這個社會的三個重大的領域
——認識、倫理—政治及利比多—審美領域
——之間，仍然廣泛地相互纏繞著。認識仍
然受到某種道德上的絕對命令的壓迫。此時
藝術也不能直接從倫理—政治中分離出來，
而是作爲倫理—政治的一種基本手段。藝術
也不容易與認識區分開來，因爲它可以被看

作是社會認識的形式，在某種規範性的倫理
框架中得到實施，它具有認識功能以及倫理
—政治的效果。

　　接著，伊戈頓作了這樣的想像：所有這
一切發生了變化。蛇鑽進了伊甸園，中產階
級開始興起；思想與感覺相分離，以致人們
不再從它們的範圍之外來思考問題；歷史生
活的三個重大領域——知識、政治、欲望彼
此相互分離，現在每一個領域都成為具體化
的、自主性的，鎖閉在它自己的空間裏，知
識擺脫了倫理的壓抑，並且根據它自己的內
部自律性規律運轉。在科學的名義下，知識
不再負載倫理和審美的作用，也開始失去了
與價值的聯繫。大約就是在這個時期，哲學
家們開始發現人們不能從事實中引申出價
值。根據古典哲學思想，在回答「我將何
為？」這個問題時，必須涉及我在城邦制社
會關係中的實際地位，涉及到與此相關的權
力與責任。現在回答我們為什麼有倫理道德
這樣的問題已經不再是一個認識問題，而且

這些答案以非常不同的方式對審美的模式產生作用，使之在這個時候也飄浮到它自己的自律性空間，並且被描繪爲一種倫理自律性的模式。倫理和審美都深深地陷入到麻煩之中，因而逐漸相互聯繫起來。文化傳統逐漸從經濟和政治系統中分離出來，以它自己爲目標。藝術的確不得不以自己爲目標，因爲它看起來的確沒有其他的目標。

伊戈頓以這種寓言式的描述是要說明，人類的發展已經進入這樣的階段：知識已從約束性的神學的壓抑中解放出來，現在能夠突破和探究從前的禁忌，不依靠權勢，僅僅依靠它自己的批判性和懷疑性的力量。以人類利益和知識獨立的名義，科學成爲對政權和上層僧侶的一種革命性的打擊。倫理探索不再是教會機構的專有權力，而是超越了這個狹隘範圍，自由地提出關於人類的正義和尊嚴問題。藝術現在也不再僅僅是政治權力的侍從，藝術僅僅對它自己的規則宣誓效忠；但這並沒有造成很大的影響，因爲允許

這種情況發生的社會條件 ── 文化自律性
── 也阻止藝術隨心所欲地對社會生活的其
他領域構成潛在的顛覆。藝術顯得純粹是附
加性的，是感性、直覺、非工具性的邊緣領
域，而這些領域很難與具體理性結合在一
起。因為藝術已經成為一塊隔離開來的領
地，可以起一種安全閥的作用，或者成為自
我得以實現的一種昇華。現代化時期，或者
說人類進入後現代社會之後，便是以上述三
個關鍵性的活動領域失去聯繫並呈專門化特
徵。雖然藝術相對於認識、倫理和政治來說
是自律性的，但是這種方式又是自相矛盾
的。藝術一方面具有自律性，一方面又被納
入到資本主義生產模式中去，這是極為令人
驚訝的。當藝術成為一種商品的時候，它從
教堂、法庭、國家等傳統的社會功能中解放
出來，從而進入市場並獲得一種自主性的自
由。現在藝術不再服務於特定的觀眾，而是
服務於一切有欣賞趣味並且有錢買它的人。
它的存在不以任何人和事為理由，可以說它

只為自己而存在。它是「獨立的」，然而，它
與商品社會的血肉相連的關係，使它已經被
商品生產所淹沒。

　　由此，伊戈頓指出，當今藝術成了一種
不斷邊緣化的探索，但美學卻不是。的確，
人們可以誇張地說，當藝術有效地讓位於政
治力量的時候，美學就誕生了，並且在社會
分裂的基礎上繁榮起來。雖然藝術生產本身
在社會秩序中的作用越來越小（馬克思提醒
我們，資產階級絕對沒有時間談它），但能夠
潛在地影響社會秩序，是某種能夠消除混亂
（這種混亂具有邊緣化的身心愉悅和具體化的
理性）的意識形態模式——這種模式可以將
道德倫理完全抽空。審美撥轉了勞動的分
工，把這三個相異化的領域重新組合起來，
但也為此付出了很高的代價：它透過有效地
淹沒其他兩種話語來使這些話語相互聯繫起
來。現在一切事情都成為審美的了。真理，
即認識變成了滿足心靈的思想，或者成了使
我們更方便地圍著某個思想領域轉的東西。

倫理顛倒了風格、愉悅和直覺的關係。一個人的生活怎樣才是適當的？答案是透過把它自己轉變為人工製品。顯然，伊戈頓在這裏並不是簡單地在探討美學問題，而是在探討人類的出路問題。

伊戈頓認為，這裏的關鍵還是政治問題。審美的界線可以區分出向左轉和向右轉，向左轉：打碎眞理、認識和倫理（這些都沒看作是意識形態的桎梏），生活在豐富的自由之中，隨心所欲地發揮創造力。向右轉，包括從柏克、柯立芝到海德格、葉慈和艾略特，忽視理性分析，依附於感覺的特殊性，把社會看作是一個以自我為基礎的機體，它的所有部分都不可思議地解釋為沒有衝突也不需要理性的判斷，這是一種血肉之思。在《審美中的意識形態》的最後一章「從城邦制到後現代」中，伊戈頓突出了「診斷」（description）與「處方」（prescription）的分裂，「診斷」與「處方」就是圍繞著當代世界的病症提出的。為尋找怎樣拯救人類

的出路問題，各類思想家提出了形形色色的理論形態的主張與方案，如德希達的「去中心」、「分延」，李歐塔的「小敘事」、「悖謬邏輯」（paralogy），哈伯瑪斯的「交往—共識」，羅逖的「後哲學文化」……順著羅蘭·巴特與德希達的思路，伊戈頓來到一個中心人物那裏，這就是李歐塔，他是從六〇年代中期以前的馬克思主義者在與之分道揚鑣後轉向種種流派雜說彙於一身的人物。

伊戈頓提到他的主要著作是《公正遊戲》（*Just Gaming*）與《後現代狀況——關於知識的報告》（*La Condition Postmoderne*）。伊戈頓把他在後一書的「知識哲學」的意味與康德的批判哲學加以比較，如果說兩者以「二律背反」（antinomy）或「悖謬邏輯」為共同立足點的話，那麼康德就是以感性與理性的調和為辯證統一的先聲，李歐塔則以哈伯瑪斯的「共識」為攻擊目標。後現代的根本問題在於「診斷」與「處方」的分裂，這一分裂是以一系列理論範疇的分裂為基礎與

前提的：包括上述「事實與價值」的分裂，
在後現代文化批評與研究範疇內又表現爲
「一般批評標準」（general criteria）與「特殊
批評標準」（particular criteria）的關係。李歐
塔正如他在《後現代狀況》中對「共識」的
拒絕那樣，在《公正遊戲》中認爲「沒有批
評標準」。而這一分裂關係，在認識論上又與
一般判斷與特殊判斷的分裂相對應。伊戈頓
指出，在李歐塔看來，我們的特殊判斷中並
不包含一般判斷，也就是這樣的特殊判斷清
洗掉一般判斷標準。這個問題又可上升到對
道德理性主義的拒絕。伊戈頓指出，在任何
具體的判斷行爲中，是不可避免與一般批評
標準之糾纏的。李歐塔並不反對「正義」這
個道德範疇，但他總是要「切斷眞理與正義
的聯繫」。❶伊戈頓指出，作爲曾經領導過左
派集團理論刊物《社會主義還是野蠻》的理
論家李歐塔，卻不願放棄社會正義的概念，
但與古老的後設敘事的傾圯同時，其正義觀
念的實質在於康德與詭辯論的「約定論」

（conventionalist），或「因襲主義」串味的混合，伊戈頓也稱之爲「直覺主義」。伊戈頓指出，李歐塔是從《公正遊戲》，以一種勇往直前的直覺主義開始他關於正義的討論的，表現在他在否認批評標準上與傅柯一致，「沒有批評標準」，他相信，處方不可能從基於一種分析的社會理論之描述取得，正如傅柯所說，我們必須擺脫在倫理與其他的社會或經濟結構間的必然聯繫之觀點。他們都堅持事實與價值，描述與處方的對仗之語言遊戲的苛刻的分界。這樣一種話語的嚴格二元論，是後期維根斯坦所主張的，每一種語言遊戲必須以其獨立的自律性、「純粹性」起作用，正義來到是在一種語言遊戲把自己強加於另一種之上的時候。對李歐塔而言，處方是左派從某種社會的理性知識切割下來，高掛在空中的，是留給幻象的東西，這也正是李歐塔一次又一次所想要的東西。

　　雖然經過了歷史無數次巨大的飛躍，然而循著這一系列分裂的範疇，伊戈頓從後現

代主義又把讀者帶回到「希臘城邦」，即千頭
萬緒、異常龐雜的後現代文化分裂的諸範
疇。在這個城邦中，有一個最為古老的理論
框架，這個框架有「知識」、「倫理—政治」
與「利比多美學」三大領域，以「我們能知
道什麼？」、「我們應該做什麼？」與「我們
發現了什麼有吸引力的東西？」為提問方
式，實際上這也就是貫穿到康德的三大批判
中的真、善、美。而這三大範疇又是以「真
理」為中心的，這也就是後現代主義主要攻
擊的目標。

伊戈頓指出，後現代主義一直渴求對傳
統的真理概念加以質疑，這種絕對的懷疑
論、獨白式的真理宣言已經產生了某種真正
的激進效果。同時，後現代主義已經背叛一
種習慣性的傾向，透過它的對立面把真理的
概念漫畫化了，豎起超驗的無功利知識這個
草梁的目標，儀式般地擊倒它們以便獲得自
我陶醉的愉快。這是自由的人道主義思想的
一個最有力的意識形態手法，保護了真理與

非功利之間假定的內在關係，激進地打斷這種內在關係是十分重要的。除非我們對這些感興趣，否則不會在這裏發現什麼東西。伊戈頓還認為，像後期的法蘭克福學派那樣，許多後現代主義理論都持一種觀點，西方的意識形態霸權主義要依賴於絕對肯定的真理、總體化的體系、超驗的意義、形而上的基礎、歷史偶然性的自然化、目的論的動力等等。在意識形態的合理化中，所有這些因素都起了不可否認的作用；但是對意識形態範疇作出完全清楚的描述，一定比正支配著我們的充滿著內在差異和矛盾的社會話語更加僵硬和「極端」。在自由資本主義社會和它的更具病理學特徵的法西斯主義形式之間至關重要的區別看來是模糊不清的，這是非常危險的。例如沒有理由假定所有的支配性社會意識形態都捲入充斥一切的、把歷史自然化的工程，然而，一系列的思想家，從盧卡奇到羅蘭‧巴特、保羅‧德‧曼（Paul de Mann）顯然都是這樣假定的。

伊戈頓還指出，哈伯瑪斯在評論從阿多諾到德希達時很消沈地說，他們創造了一系列現在應是毫無價值的劇目，那種關於真理和知識難免錯誤的概念，人們甚至在波普（Karl Popper）那裏就學到了。如果這是一個與後現代主義或後結構主義相聯繫的關於真理的基礎的問題，那麼另一個問題是它與後期資產階級社會不那麼愜意的政治現實之間的某種艱難而不情願的共謀關係。嚴重的欺騙、粉飾、掩蓋和謊言，我們生活的形式不再是單個發生的、必然令人遺憾的，而是固定化和結構化的本質。在這樣的條件下，真正的事實，即隱藏、受壓抑、被歪曲，能夠成為它們自己的政治炸彈，而且因此導致神經痙攣以至於被庸俗地稱之為「真理」和「事實」之間的關係，在它們自己高調理論姿態與資本主義權力結構的最平庸、最常規的政治策略之間，應該謹慎地避免某種共謀關係。

伊戈頓詳細分析了整個西方思想史發展

的軌跡，指出三大範疇的分裂無不表現爲各
自與眞理的分裂，如價值與事實的分裂，亦
即倫理學與認識論的脫離，美學與認識論的
「離異」就自不待言了。伊戈頓指出：「不斷
發明新遊戲的行爲，在先鋒派的藝術實踐或
『悖謬邏輯』的科學中有最爲密切的類似物。」
「必須盡可能多樣地混合『小敘事』。問題在
於這就是對『小的就是美的』一種感傷的幻
覺的信念。多元性對於後結構主義一般就是
『善自身』，而不去關心其倫理與政治的實
質。道德正當的東西就是去產生盡可能多的
語言遊戲。」「反對眞理」從十九世紀末早期
現代主義尼采的虛無主義開始，是與二十世
紀實用主義在後現代的匯合場地，「反本質
主義」（anti-essentialism）即是其支柱。伊戈
頓把反本質主義的根源追溯到英國經驗主義
哲學家約翰·洛克那裏，洛克把無特性的眞
實說成是「本身」比其他任何東西更爲重要
的東西，由此可以得出爲什麼一個人的皮膚
的顏色不被認爲是他的一種本質特徵，這個

問題並不比問「爲什麼它是如此」有更多的
理由。

　　反本質主義在現代與後現代主義哲學文
化中和反「鏡喻」（反映）結合在一起，是實
用主義的要害，所以有些後現代主義批評者
把李歐塔作爲「新實用主義者」。伊戈頓指
出，《後現代狀況》中一種有趣的平行在於
一種「好」的實用主義與「壞」的實用主義
之間：正如最爲成功者總是講好聽的故事，
享有最豐厚研究資助者好像是最正確的。伊
戈頓批判道：對於李歐塔，眞理、權威和修
辭的誘惑——利嘴巧舌或種族主義者故事的
力量——是不能眞實地區分開來的。要看到
這個行爲怎樣不使納粹的敘事權威化，這也
是很難的。納粹對於李歐塔，也對於其他後
現代主義思想家，是啓蒙主義「宏大敘事」
的致命目標，是一種恐怖主義理性和總體性
的悲劇之完成。他不懂得這是一種反啓蒙主
義的非理性主義的野蠻結果。丟棄歷史，拒
絕認同審美的政治並把所有的賭注押在他們

所說的這些故事的魅力之上，這就是他們的
問題所在。

在分析了當代西方思潮之後，伊戈頓把
目光重新轉向審美領域，指出美學作為對早
期資產階級社會新狀況的一種反應，它的價
值現在成為令人驚恐的、神秘化的玄奧之
物。社會生活的現實曾經因為具體的痛苦，
它們將不再為了價值話語作出充分的努力，
飄浮到唯心主義的空間中去了。價值現在要
麼以自我為基礎，要麼在體制中找到它，而
且正如我們看到的，美學作為一種理論模式
可以服務於這種策略。價值從某些情感或神
秘化的空間中產生出來，不再屈從於理性探
索和爭論，例如現在很難這樣說，我的欲望
是「沒有理性的」，在感覺上，也許正是他人
的欲望產生出不正當的妨礙。

伊戈頓認為，後現代主義和後結構主義
的當代潮流繼承了這種審美化的價值。其結
果是一種新的超驗主義，欲望、信仰和利益
現在占據著在傳統中為世界精神或絕對自我

所保留的位置。在托尼・貝內特的評論中可
以發現一個具體的公式：社會主義若要把自
己從認識論和倫理相對主義的泥潭中掙脫出
來，只有透過以它自己爲原因和理由的政治
欲望才能達到。貝內特的自我因果、自我證
實的政治欲望並沒有遠離康德的實踐理性，
或者確切地說來自於斯賓諾莎的「自然」。這
種自我生成的概念和自我合理化的力量本質
上是審美的和神學的。這樣一種理論在伊戈
頓看來起著一種絕對基線的作用，它是某種
不可公約、不可爭論的絕對命令，然而允許
在這個先驗的領域中認識一種純粹制度化的
運動性的空間（space of maneuver）。對於這
個擴展來說，因爲所有它的主張都反對啓
蒙，它分享著霍布斯和休謨的理論框架，在
他們看來，理性是激情的奴隸。利益和欲望
產生效果，彷彿不允許作爲先前那種半超驗
性；不能詢問它們的起源，或者探詢在什麼
情況下人們才會將其置於一邊，因爲這樣的
價值起源於相互作用，起源於激進的人類身

體。

　　針對上述情況，伊戈頓開出了自己的
「處方」：像海登‧懷特那樣，我們可以在老
式的決定論和存在主義之間作出選擇，或者
像費舍那樣，用文化一元論來保衛自由世
界，就像潘興式導彈所起的作用那樣。這種
情況的弱點在於沒有辦法改變政治上的過分
激進。如果新實證主義因爲他們自己的特殊
目的，希望賦予工業社會主義和北大西洋公
約組織的解體這樣的行動以僅僅「貫徹會談
決議」的特徵，受原則束縛的行動，或者存
在不可避免地受到信仰體制的抵制，但是，
只要允許按他們希望的那樣去做，激進的力
量就沒有理由對這些描述大加反對。只要相
信透過好的實證主義方式創造一個與現實世
界相區別的世界，這些理論描述就不再需要
特殊的警報。

　　接著伊戈頓又把話題引向馬克思主義本
身，提出後馬克思主義的現象對於這個危若
累卵的問題作了某種有趣的闡明。馬克思恩

格斯政治思想的根源，正如馬克思自己曾經
評論過的，並不在於發現階級的存在，這是
早已知道了的，而是在於發現階級之間的鬥
爭和生產方式的發展階段之間的內在聯繫。
人類的信仰和價值的世界以及物質活動的本
質是密切聯繫在一起的。第二國際臭名昭著
的經濟主義透過把階級衝突降低到經濟發展
的水平上而歪曲了這個原則。然而人道主義
的馬克思主義對於這種簡單化論述作了過激
的反應，把所有的問題都集中在意識和階級
主體上。具有諷刺意味的是，阿圖舍學派絕
對的反人道主義理論極為精通階級鬥爭和生
產模式之間的這種分割，事實上放棄了經典
馬克思主義關於生產力和生產關係之間矛盾
關係的原則。階級鬥爭成為所有聯繫的媒
介，成了一個戰略性預測的問題。伊戈頓指
出，這種態度也反映了毛（澤東）主義的隱
蔽的影響，它透過極度的唯意志論而強調
「政治」，反對「經濟」。後阿圖舍學派提供了
從這種態度到完全拋棄整個生產模式的概

念，把階級鬥爭懸掛在空間，這至少有效地
拒絕了階級衝突中心論。

註釋

❶Terry Eagleton, *The Ideology of the Aesthetic* (Oxford
Basil Blackwell Ltd., 1990), p.400.

第五章
與「宏大敘事」聯繫著的
「大美學」

　　較之伊戈頓的其他著作，《審美中的意識形態》是一篇規模宏大、相對於文學理論與批評而言的狹義美學著作。它從上一世紀英國經驗主義（夏夫茲博里、休謨、柏克）和德國古典美學（康德、席勒、費希特、謝林、黑格爾），到現當代（叔本華、祁克果、尼采、佛洛伊德、海德格），中間以馬克思為轉折，經過班傑明、阿多諾，終結於後現代主義。然而這並不是一部一般的美學史論著，而是立足於現代，旨在給現代以一種歷史的透視，解決當前現實關注的問題。其中第八章「馬克思主義的崇高」也不是一般理解的馬克思主義美學，如里夫希茨、盧卡奇等人的理論貢獻，其中並沒有涉及到一般關心的美學問題，如現實主義、典型、革命、歷史悲劇等，當然，關於藝術生產理論在他以往的著作中多有論述，而在這本書裏，作者對馬克思主義美學如標題所示，是從「崇高」這一美學範疇著眼的。然而馬克思本人，甚至重要的馬克思主義經典作家，在美

學方面並沒有專門就崇高問題發表過專門論述，伊戈頓把崇高範疇與馬克思主義聯繫起來，是把美學置於一種獨特的政治經濟的社會學的視野之中。他認為馬克思許多最有活力的經濟範疇暗含著美學的東西，所以在該書中，他論述「馬克思主義的崇高」的理論依據主要是《1844年經濟學哲學手稿》、《〈政治經濟學批判〉導言》、《資本論》以及《路易·波拿巴的霧月十八日》，而對於馬克思主義美學研究者們十分關注的馬克思關於悲劇的通信等則沒有提到。

在伊戈頓看來，馬克思的美學觀念與其共產主義思想體系是緊密不可分的，而共產主義作為人的全面性解放的實現，是「人的存在的最終之美學化」。所以我們必須以一種「大美學」的觀念來看待伊戈頓所論的馬克思主義美學。正如他所說，如果一種美學的存在是作為一切的成就，那麼思想必須不被普遍早熟地美學化。也可以說，前面所說的「美學」，是一種「大美學」；後面所說的

「美學化」，是一般意義的美學。這種「大美學」恰恰對應著李歐塔在他的《後現代狀況——關於知識的報告》一書中所說的與「思辨」、與「解放」聯繫著的「宏大敘事」。「宏大敘事」在後現代被化解爲許多「小敘事」，他所說的「思辨」就是德國古典哲學精神，而「解放」就是法國啓蒙主義。馬克思早期主辦的《德法年鑑》就是把兩者結合起來的理論方向，這一成果導向馬克思主義關於「人類解放」的「宏大敘事」。所以伊戈頓所說「作爲一切成就」的美學，就是與此「宏大敘事」聯繫在一起的。所謂「敘事」，無非是思想體系或意識形態之後現代主義話語轉喻。「宏大敘事」危機，也就是從現代主義以來對黑格爾龐大的思辨哲學體系，特別是對其總體論的衝擊，如存在主義先驅們所做的；此外，就是對啓蒙主義到馬克思主義關於人道主義理想與人類解放理論的棄置。

　　馬克思的「作爲一切成就」而存在的

「美學」，對於通常意義上作為一門知識學問
的「小美學」而言，是「非美學化」的。基
於這種觀念，對於藝術，就通常把藝術限制
在以其自身為目的的「自律」論而言，伊戈
頓指出，在藝術的「自律中承載著最為政治
的東西」。「美學如果要繁榮起來，它只能是
透過政治的善，並且這種政治因此處於一種
同美學的後設語言的關係之中。」「如果美學
要實現它自身，就必須透過政治，它暗暗地
總是政治的。」❶就是說，「人的解放」作
為「美學的實現」——人類美好理想的實現
化，既是一個美學的使命，也是一個政治任
務。美學是目的，政治是手段。它們的關係
其實是相互「暗含」的：就是說，在強調美
學目的時，其中暗含著政治；在突出政治途
徑時，其中暗含著美學目的。這一點顯然與
他在文學理論著作中所說的批評闡釋最終都
是「政治的」觀點，是完全一致的。

　　伊戈頓在回顧近代以來的美學史時指
出，美學處在一種哲學唯心主義氛圍籠罩之

下。「唯物主義在那裏似乎沒有得到什麼特別好的遭遇」。他指出，如果要從唯心主義的重壓下恢復唯物主義美學的空間位置的話，就應該從「人的身體本身」（body itself）這一立足點開始。而「人的身體」恰恰是現階段三位最偉大的「美學家」（馬克思、尼采和佛洛伊德）所謀劃的美學。即馬克思：體力勞動，尼采：作為權力的身體，佛洛伊德：欲望的身體。這樣一個美學「唯物主義」出發點，又不是一般從美的根源和本質所作的哲學抽象的思辨，「人的身體」一方面與關於人的種種抽象，如「人的本質」、「人自身」等相對；但另一方面，它又不是人的生物性的自然具體感性，而是同人的「類」存在的本質——勞動，和作為社會存在的歷史性相關的。因此可以說，伊戈頓所關注的馬克思的美學與我們通常所說的「社會美」這個範疇密切相關。例如在論及《巴黎手稿》中關於「美的規律」時，伊戈頓不是如我們曾經做過的那樣去討論「美的規律」是主觀的還

是客觀的，並挖掘馬克思所說「兩種尺度」
的涵義等等，對他來說，這個問題似乎已經
解決。

「人的身體」這個概念在馬克思那裏除了
和「勞動」直接關聯外，還有「感性」的意
義。這在馬克思那裏，特別是在青年馬克思
那裏，確實是作為「出發點」的東西。感
性，伊戈頓指出，思想本身的要素，是思想
的有生命力的表現，語言，是感性的自然。
找到了這個美學唯物主義的出發點，伊戈頓
充分地展開了馬克思《巴黎手稿》中關於以
人的感性的解放為中心的人的全面發展的
「美學化」過程。與這一過程相反的，是在資
本主義制度下人的感性的貧乏化，這種「貧
乏化」表現為兩個極端：一是「擁有感」，即
私有財產下人的感性被單純的財產和占有的
觀念所統轄，即私有財產使我們變得如此愚
蠢而片面，因此，一切肉體和精神的感覺為
這一切感覺的簡單異化（即擁有感）所代
替；另一方面，感性的貧乏化表現為，對於

勞動者感性的滿足僅以維持生命的最低物質
需要爲限度，即把工人的需要降低爲維持其
肉體存在的最低限度的需要。伊戈頓指出，
人的身體在資本主義制度下是分裂的，在
「殘酷的物質主義」和異想的理想主義之間
「外傷性地分開」，即過於欲求又過於異想天
開。「需要或享受」作爲人身體的感性，
「失去了它們的自私性」，與之相應的是「自
然在其使用成爲人的使用之意義上失去了它
們的功利性」。伊戈頓認爲，這就是馬克思的
最深刻的「美學」，即在於他認爲人的感性、
力量、能力的操作是其「自身的絕對的目的
之信念，沒有功利的辯解的需要」。只有當身
體的驅力已經從「抽象的需要」解放，並且
這個對象已經接近從「功能性抽象」向「感
性實踐的使用價值」恢復，這才談得上感性
的「人化」——「屬人的感覺」，也就是感性
才可能審美地存在。因此，「私有財產的廢
除，意味著一切屬人的感覺和特性的徹底解
放」。伊戈頓指出，人的感性的主體性就是一

種徹底客觀的事件，一種複雜的物質歷史的
生產，它只有透過一種對象化的歷史的感性
主體性方可能煥發。這一思想是從馬克思
《巴黎手稿》中的一段著名論述中引發出來的
馬克思在《巴黎手稿》中寫道：

> 只是由於屬人的本質的客觀地展開的豐
> 富性，主體的、屬人的、感性的豐富
> 性，即感受音樂的耳朵、感受形式美的
> 眼睛，簡言之，那些能感受人的快樂和
> 確證自己是屬人的本質力量的感覺，才
> 或者發展起來，或者產生出來。❷

從《巴黎手稿》的上述著名論述中我們
不難看出，青年馬克思在經過費爾巴哈轉向
歷史唯物主義之前，確實短暫地有過感覺論
傾向——作為對黑格爾泛邏輯式的客觀理性
的逆反，但這並不等於說理性範疇即使在當
時的馬克思那裏也沒有地位，或者根本不重
要。因為即使是感覺的解放，也是由作為理
性需要的「人的本質力量」的對象化，透過

生產勞動對自然的改造工業生產力的發展得
以實現的。伊戈頓雖然也為《手稿》對感性
的過分強調所左右，但他同時又認為：

> 馬克思不同於他後來的尼采和海德格，
> 並不把這種美學化貫徹到人的認識本身
> 中去。這不是某種貧血的理性主義：人
> 的存在目的，對馬克思的一如對亞里斯
> 多德，不是真理，而是幸福或優越的存
> 在。他所從事的工作，是對普通的人的
> 狀態為目的之必要的物質條件是什麼，
> 作出博大的追問，並因此而屬於階級的
> 道德的話語。馬克思是一個最為傳統意
> 義上的道德主義者，這就是說，他關心
> 的是這種生存的善的政治決定論。❸

伊戈頓看到，對青年馬克思來說，在資
本主義條件下，感性生活在兩個相反的維度
上分裂並且兩極分化，每一個都是對真正感
性身體的荒誕的模仿。在一個維度上，資本
主義把男人和女人的身體的豐富性降低到

「原始和抽象的簡單需要」——當純粹的物質
生存處於存亡攸關的時刻，對象的感性性質
無疑意味著這樣的需要。按照佛洛伊德的說
法，人可以說資本主義社會削弱了內驅力，
在這裏，人類的身體超越了它自己的界限，
對於本能來說——這些固定的、單調的、重
複性的衝動把身體禁閉在它自己的範圍之
內，即馬克思所說的透過把工人的需要降低
到維持生理存在所需要的最低限度，透過把
工人的活動降低到最抽象的機械運動，……
政治經濟學宣布人沒有其他的需要，他既不
需要活動，也不需要消費……他把工人變成
既沒有需要、也沒有感性的存在，並且把工
人的活動從全面的活動中轉變為純粹抽象的
活動。

　　伊戈頓由此指出，如果資本家剝奪了工
人的感覺，他同樣也剝奪了他自己的感覺。
他引用馬克思的用語：「你越少吃，少喝，
少買書，少上劇院、舞會和餐館，越少想，
少愛，少談理論，少唱，少畫，少擊劍等

等，你就越能積攢，你的既不會被蟲蛀也不
會被賊盜的寶藏——即你的資本也就越大。」
試圖說明，資本家對待工人的顯著的優勢在
於他實施了一種雙重置換。資本異化他的感
性生活，於是他就用本身的力量替代性地彌
補異化的感性。資本是幻覺性的身體，一種
魔怪般的酷肖者（Doppelgänger），它在主人
睡覺的時候，偷偷地跑到外面來，機械地享
用主人嚴厲摒絕的快樂。資本家越是斷然放
棄他的自我愉悅，把他的勞動奉獻於這種類
似於第二自我的魔力方式，他也就越陷入到
間接的滿足中去。資本家和資本都是死亡了
的生命形象，一方面有生命卻麻木不仁，另
一方面沒有生命的東西卻活躍著。如果說冷
酷無情的審美主義是資本主義社會的一個方
面，那麼幻覺性的審美主義就是它的顛倒鏡
像。感性的存在在某一層次上被從基本的需
要中剝離出來，必然在另一種程度上被過分
地誇大。伊戈頓認為，馬克思主義的目標是
恢復身體被掠奪掉的力量。但是只有廢棄個

人的財產，感覺才能回到它們自身。如果共
產主義是必要的，那是因為我們還不能像我
們能夠做的那樣充分地去感覺、品味和接
觸。從這個意義上可以說，馬克思是最深刻
的美學家，他相信人類的感覺力量和能力的
運用，本身就是一種絕對的目的，不需要功
利性的論證；但是這種感性豐富性的展開是
自相矛盾的，只有透過顛倒資產階級社會關
係的嚴酷的工具主義（實驗主義）實踐才能
實現。只有當身體性的動力已經從抽象需要
的專制中釋放出來時，當對象已經從抽象的
功能中恢復到感性具體的使用價值中去時，
才有可能達到審美化的生活。

　　馬克思主義不是一般的理性主義（貧血
的），這是對的，但它不是誇張的感覺主義，
不應該把真理的問題與「幸福或優越的存在」
區別開來，這在馬克思主義是統一的。不過
伊戈頓也正確地強調了：馬克思《巴黎手
稿》：「如果能夠以對一種基於感性的科學
的要求而不陷入一般的經驗主義的話，那是

因為感性對他不是一個孤立的領域，其法則是能夠作為我們對現實的實踐關係之形式被理性地審視的。」❹ 人的解放體現為人的全面性的實現，這種「全面性」就包括知性所認識到的真理（自然科學和社會科學），實現人際關係的善（從階級利益和政治道德到人類博愛）和美的形式的感覺及創造——這些在理性統轄下在階級社會被壓抑和片面化的功能。這裏所說的「理性統轄」，是對感性的統一，對非理性的攜帶和包容。從這個意義上理解《巴黎手稿》中所說的「感覺透過自己的實踐直接變成了理論家」，不是把理性下降為感性與非理性，也不是摒棄後兩者，而是使之提高到與前者的統一。

伊戈頓把感性的「非人化」表述為感性的「抽象化」，也就是感性的「屬人的」性質被從人的「身體」那裏抽出。這在人作為主體，表現為「需要的感覺」簡單化為「擁有感」，對私有財產的擁有感是一種抽象的「非人化的」感覺；而在對象則表現為物的「使

用價值」被抽象爲「交換價值」。這種交換價
值的抽象性被集中體現在商品和貨幣的特性
上，馬克思認爲，商品意味著「物的價值和
它們的實體的分離」。伊戈頓寫道：「貨幣對
於馬克思是徹頭徹尾唯心主義的，一個空想
的幻象的王國，在其中所有的認同都是短命
的，並且一切對象都可能在對別的東西之打
擊下變換形式。就像社會寄生的想像的口
味，金錢是一種純美學現象，自我增值，自
我指涉，所有物質眞實的自律，並可能到具
體存在中去祈求一種無限的複數。」❺相對
抽象化的交換價值、使用價值與「人身體」
的感性對應著人的實踐，而這種實踐連接著
一種社會的博大的功利性，與「非人化」的
及自私的「擁有感」相通的狹隘功利主義相
對立。前者是可「美學化」的，而後者是
「非美學化」的。因此，所說「金錢是一種純
美學現象」，顯然是反諷。伊戈頓引用了《巴
黎手稿》中的一段話，說明在工人的社會主
義運動實踐中，工人之間的交往表明了美學

目的與政治手段的關係：

> 當共產主義的手工業者聯合起來的時
> 候，教導、宣傳等首先就成了他們的目
> 的。但是同時，他們因此也產生一種新
> 的需要，對交往的需要，而作爲手段出
> 現的東西則成了目的。從法國社會主義
> 勞動者的聚會就可以看出，這一實踐運
> 動取得了何等光輝的成果。❻

　　在這個意義上，馬克思的美學是「反康
德」的，即針對康德的「審美無利害」說
的。而對狹隘功利主義的超離而言，馬克思
則是「充分康德」的，這就是「以人類爲中
心的目的」的美學觀念。如果說對資本主義
來說，生產本身就是一種目的的話，那麼對
於馬克思來說，在一個相當不同的意義上，
情況也正是如此。人類力量的實現，是人的
本質令人愉快的必然性，不需要比藝術作品
更多的功能性理由。伊戈頓指出，對於馬克
思來說，藝術形象作爲物質生產的理想典

範，正是因為它具有明顯的自身目的性。伊
戈頓認為，馬克思透過使用價值的概念，解
構了實踐與審美的對立。當他把感覺的解放
寫成是「在直接實踐中的理論家」的時候，
馬克思指的是理論作為一種對客觀物質性的
愉悅的沈思，是存在於我們與對象的基本關
係中的一種活動過程。我們透過把事物的感
性豐富性納入我們的符號化工程中來而體驗
它們——這是一種態度，既不同於交換價值
的殘酷的工具主義，也不同於無功利的審美
沈思。對於馬克思來說，「實踐」已經包含
著對於具體性的審美反應；它的孿生對手是
對象和內驅力的商品化抽象以及社會寄生的
審美幻象，它把功利與快感、必然性和欲望
捆在一起，並且允許後者在與物質必然性沒
有聯繫的狀態中消費它們自己。這種理想主
義把快感和欲望轉變為商品，這些孿生的對
手是秘密地連為一體的。悠閒的富人們的消
費行為是一種自戀（narcissism）的自娛性消
費。對於馬克思來說，一種客體的用途不是

去藝瀆它的審美存在，而是把它抽象成一種
空洞的容器，在交換價值和非人性的需要之
間擺動。古典美學和商品拜物教都努力清除
事物的具體性，把事物的感性內容從純粹的
理想化形式中剝離出來。正是在這個意義
上，馬克思深刻的反康德美學也是一種反美
學，它摧毀了一切非功利性的沈思。客體的
功利性是基礎而不是前提，我們欣賞它們，
正如我們在社會關係中的愉悅是與其必然性
密不可分的那樣。

　　伊戈頓指出，如果說青年馬克思在這個
意義上是反康德主義的，那麼在另一個意義
上他又是一個十足的康德主義者。馬克思在
《巴黎手稿》中寫道：凡是當對象的普遍現實
性成為人的本質力量的現實性的時候，他自
己本質力量的現實性，所有的對象都成為他
的對象化存在，對象確證和實現了他的個
性，他的對象，例如，他自己成為對象。從
康德那裏是不可能引申出更進一步的政治主
張的，因為在康德那裏，把認識論與鏡子、

想像性關係與主客體之間的劃分區別開來是
一件困難的事。伊戈頓指出，《巴黎手稿》
正視自然和人性之間基本的解構關係，透過
勞動，自然被不斷地人性化，人性則不斷地
被自然化。透過這種公平的交換，主體和對
象不斷地進入對方，對於馬克思來說，這是
歷史的希望，對於康德來說，這是一種調節
的前提；但在馬克思關於主體在對象中確證
自己的理論，以及康德關於在審美活動中充
滿渴望的一瞥，表達了人類銘記在心的目的
性的理論之間，並不存在難以企及的距離。
後期馬克思主義的唯物主義透過堅持物質對
意識的霸權而與這種思想性範圍相聯繫，堅
持物質作為某種不能降低的客觀性，承受著
我們的自戀主義的創傷。也就是說，作為主
題，主體和客體之間的照鏡子般的一致關係
並沒有進入馬克思和恩格斯的後期著作，而
是進入了盧卡奇以及「西方馬克思主義」潮
流的著作之中。

　　實際上，只有擺脫狹隘的功利主義，藝

術才談得上「自律」，這在馬克思的早期著作
中是有所論述的：「作家絕不把自己的作品
看作手段，作品就是目的本身；無論對作家
或其他人來說，作品根本不是手段，所以在
必要時作家可以為了作品的生存而犧牲自己
個人的生存。」❼這一思想在馬克思後期的
政治經濟學批判中，被置於藝術生產與商品
生產的關係中加以考察。就是說，對於藝術
家，一方面創作就像春蠶吐絲一樣是他的本
能，但同時，生活在商品生產社會中的詩
人，藝術對他來說又有獲得生活來源的手段
的意義，藝術因而進入商品生產，對於藝術
生產部門的資本家，藝術則又是攫取剩餘價
值的工具。

　　伊戈頓認為，形式與內容的美學的融合
是馬克思美學理想的現實化的要求。早在一
八四二年有關日爾曼財產法的文章中，馬克
思就說過：「形式除非是內容的形式，否則
是無價值的。」對於馬克思來說，形式與內
容完美平衡的關鍵是「渾然一體」（mass），

意味著測度、標準、比例適中，或者甚至常
常是一件製造品的堅實的內在結構。由於比
例──「把固有的尺度應用到對象上去」
──似乎是馬克思的目標，人們可以由此得
到一個批判資本主義的立場。早在教條式地
論述古希臘時，馬克思就把他稱之為「測度
的辯證法」的那種東西與「無度的領域」進
行了對比；並且成為他的思想的典範，總的
說來，在古代社會看出一種對稱與合比例。
馬克思所認為的理想的國家──民主的制度
──就是在內容與形式上統一的政治體制，
「在一種民主中，制度，法律，也就是國家政
權，本身就只是一種民族自決和人民決定的
內容」。解放的社會對於馬克思是一個形式與
內容的美學的融合。

　　從內容與形式的統一關係對資本主義進
行批判，是從資產階級革命延伸到它的經濟
關係。資產階級革命的內容與形式統一的關
係上升到一般的「革命」與「崇高」的美學
範疇。伊戈頓認為，從馬克思的原著來看，

有兩種美學的東西，它們之間並不是整個對應的。如果一種可以稱為「美」的話，另一種便可稱之為「崇高」。馬克思在《路易‧波拿巴的霧月十八日》中，對法國革命的歷史唯物主義分析從歷史向美學進行了移位，引出「革命」與「崇高」之間的關係。伊戈頓指出，馬克思在這部經典性歷史著作中，把法國資產階級的大革命描繪成「形式與內容、能指與所指之間的裂隙的活生生表現」。馬克思說：

　　十九世紀的社會革命不能從過去，而只能從未來汲取自己的詩情。它在破除一切對過去的迷信以前，是不能開始實現自己的任務的。從前的革命需要回憶過去的世界歷史事件，為的是向自己隱瞞自己的內容。十九世紀的革命一定要讓死人去埋葬他們的死人，為的是自己能弄清自己的內容。從前是辭藻勝於內容，現在是內容勝於辭藻。❽

　　在這裏，「從前的革命」是指資產階級
革命，「十九世紀的社會革命」則是指無產
階級革命，前者「向自己隱瞞的內容」就是
剝削，把這一內容掩蓋在過去革命的「閃閃
發光的勳章」之下來哄騙自己，所以是「辭
藻勝於內容」。而無產階級革命「要讓死人去
埋葬死人」，是指其使命在於消滅一切剝削的
歷史形式，這樣一種前所未有的內容決定著
它不能從過去借取形式（辭藻）。

　　對馬克思所說的內容與形式（辭藻）的
不統一，伊戈頓從「過去」和「未來」交換
價值與使用價值之間的關係加以理解和闡
釋。「過去」作為馬克思恩格斯所說的「前
歷史」（prehistory），「未來」作為「正史」
（history proper），伊戈頓指出，馬克思主義
不是一種關於未來的理論，而是一種關於怎
樣創造未來的理論和實踐。作為一種「教
義」，它完全屬於馬克思稱之為「前歷史」的
東西；它的作用是簡單地解決那種通常阻礙
我們超越既定歷史的矛盾。關於嚴格意義上

的歷史，馬克思主義幾乎沒有說什麼，在這方面，「馬克思本人一般保持一種暗示性的沈默」。只有眞正的歷史性事件才能使歷史開始發展，透過清除它的發展道路上的障礙，使這些歷史事件眞正成爲推動歷史的動因。到目前爲止，還沒有什麼特別的具體事件發生，歷史以簡單地重複相同的陳舊故事爲特徵，在剝削和壓迫的連續性結構中具有一系列的變化。商品的無盡循環和再流通是歷史僵局的最近一個階段。由於階級社會內含著敵意，永恆性的表達一直還沒有誕生，因爲後者誕生就意味著前者的死亡。但是這種循環並不能透過重新表達未來而打破，因爲重新表達的意義屬於一種替代性的表達，對於產生超越它們的尺度來說，它是沒有力量的，正是在這個意義上，「內容勝於辭藻」。

因此，關於「正史」（資本主義結束之後的人類歷史），馬克思本人保持著一種「症候性的沈默」，實際上歷史是透過清除道路上的障礙開始的。因此迄今爲止，歷史無非是一

系列不同的對壓迫和剝削的反抗這樣一些相同的古老故事。商品無終止的循環流通便是這個歷史最為現時的辭藻，而未來的顯示則是透過階級社會本身暗示著對自己一向如此的拒絕，正如一個人有生便有死一樣。但這一循環不可能透過「顯示未來」得以打破，因為「顯示手段」屬於一種取代的現時，而不能穿越現時取得一個尺度。這就是說，社會主義革命所指向的共產主義社會在其內容上尚未取得形式，馬克思所說的「十九世紀的社會革命」的內容是有待「弄清」的，也就是有待於向未來取得形式的內容。共產主義在內容上必定是使用價值的多樣性的全面解放，其形式必須由自己內部產生出來，那麼這樣一種似乎是發展本身的唯一的絕對究竟在哪裏呢？

在這裏，物的使用價值與人的本質力量的全面性是其關鍵的概念。也就是說，使用價值的財富和人的力量的自我歡悅，如果從交換價值的形而上學的囚禁中得以解放，社

會主義建設的形式必須這樣地被描繪，那麼從統一中把不統一解放出來便是這種不統一怎樣顯示自身的問題。由於這種內容與形式的統一在未來而不在現時，所以現時所顯示的不統一，便是伊戈頓所理解的馬克思說的「內容勝於辭藻」的精義。

　　伊戈頓認為，就馬克思本義而言，還可以分出一種「壞」的崇高，並認為就馬克思所論也主要著眼於「壞的崇高」。那麼什麼是「壞的崇高」呢？他將之與黑格爾「壞的無限性」進行比擬。黑格爾的「壞的無限性」是指一種絕對的無限性，即不是同有限性辯證地統一著的無限性，是反辯證法的無限性。在這種哲學、美學、政治、經濟的互文性關係中的崇高範疇，一切都具有修辭上的比喻性質。「壞」的崇高與「壞的無限性」同資本主義本身的無休止的、過於自以為是的運動，包括政治經濟的一切方面，主要是著眼於商品的運動，它的「壞的無限性就是壞的崇高的一種形式」。❾伊戈頓指出，這是一個

不停止的轉喻的鏈索，在這種運動中，一個
對象把自身提交給另一個，再另一個，直至
無限。這種「壞的無限性」或「壞」的崇高
在美學上相當於康德的「數學上的崇高」，它
是打翻所有穩定的顯現的純粹「量」的無休
止算計，「金錢就是它的主要的能指」。伊戈
頓以上論述的理論依據是來自馬克思《巴黎
手稿》中的一段話：

> 貨幣的量越來越成為它的唯一強有力的
> 屬性；正像貨幣把任何存在物歸結為它
> 的抽象一樣，它也在自己本身的運動中
> 把自己本身歸結為量的存在物。無度和
> 過度成了貨幣的真正尺度。❿

伊戈頓指出，馬克思在否定的意義上一
再說明「貨幣的尺度就是它的尺度」。他就此
引申出，貨幣是一種「畸形的崇高」，一種無
限孵化的能指，它切斷所有真實的關係，以
狂暴的海、懸崖峭壁這類極力擴張的形式，
吞沒一切特定的統一性，並帶上唯心主義的

色彩。這種崇高，伊戈頓指出，對於馬克思
正如對於康德，是「無形式」的崇高：沒有
形式或者畸形。

　　與這種「壞的崇高」形成對照的是「好
的崇高」，那是在《路易‧波拿巴的霧月十八
日》中明顯表現出來的。在歷史既有的政治
革命和經濟發展中，形式與內容的關係總是
處於一方壓倒另一方的非整合式統一關係。
在未來的共產主義兩者理想化的統一中，
「好的崇高」只是在新的歷史條件下，由「歷
史前」的不統一形式向一種未知的全新形態
的轉化。歷史的前進運動總是以「未來」向
「過去」借取形式而取得內容，後現代時期，
前社會主義陣營的成員因普遍向市場經濟轉
軌，仍然表明「卡夫丁峽谷」之不可跨越。
對這一點，伊戈頓十分清楚，他說，馬克思
是騎在資本主義背上展望共產主義未來的。
他對馬克思主義美學，特別是崇高範疇，是
透過一系列歷史的和道德的矛盾展開論述
的。從崇高範疇的形式與內容關係，他又推

向「事實—價值」的對立統一關係。

　　事實—價值的關係，顯然是與「歷史」和「道德和美學」的關係是對應的，這種關係首先表現在馬克思主義論及生產力作爲物質技術和人的力量（power）與能力（capacity）之間的關係方面。這方面的兩難在於，歷史借助於資本主義的生產力發展前進，而這種先進生產力在「人的能力」方面帶來的卻是片面化的畸形發展。馬克思一方面把人的財富作爲「個人需要、能力、歡樂、生產力等的普遍性」，另一方面認爲，生產力的最高度發展，因此也就是個人的最豐富的發展。這意味著生產力的發展和人的能力的發展最終是同步的；但實際情況是，在資本主義統治下，這樣的能力是悲劇性殘缺不全的。而資本主義生產力的發展對於社會主義的人的能力的實現恰恰是前提。

　　伊戈頓指出，從價值論出發，一種是把生產力的擴展作爲價值本身看待，把社會主義單單看成生產力爲了普遍的善而進一步發

展和適應。另一種是馬克思所概括的生產力必須在「對人性和人的價值有最大好處的條件下」加以發展。他指出,生產力的整個概念在事實與價值之間猶豫不決地徘徊,就像尼采的意志對權力的概念那樣。如果人的能力被認爲是固有的、確定的,並被視爲生產力的一部分,那麼似乎可以認爲,這些力量的擴展本身就是善。如果不管怎樣都把生產力的發展視爲人的能力實現的手段,那麼物質發展不可避免地要以這一目標作爲其自身的最佳表現形式。伊戈頓提出解決這種兩難的方式,就是把價值插入事實中間去。人的能力與人的需要作爲一種既定的、可以自由實現的東西,是把道德話語的整個觀念作爲一種與歷史分離的區域。

道德與歷史關係的對立統一表現爲馬克思在處理上的矛盾;即一方面把道德作爲意識形態的東西加以排除,同時又在對階級社會的批判中摻以道德觀念的暗示。伊戈頓看到了:無論馬克思是否確切地相信「倫理」

的概念，「這卻是馬克思主義內部一個引起
爭論的問題」。問題是，馬克思並不完全拒絕
倫理道德，只是把它轉變成從上層建築到基
礎的巨大尺度而已。因而道德就與人類力量
的能動的自我實現相一致 —— 就像它的過去
那樣，投射到生產的過程中去，而不是放逐
到上層建築制度和意識形態之中去。伊戈頓
指出，事實是馬克思以爲，與其丟棄道德，
不如把它轉移到上層建築與經濟基礎這樣的
大尺度中去。這樣，道德就變成與人的能力
的動力性的自我實現和設計相統一的東西，
正因爲如此，進入生產過程本身並不是被放
逐到一系列上層建築的建制和意識形態中
去，他認爲，馬克思主義確實擁有一種絕對
的道德標準：一種豐富的對每個個人的能力
全面發展的不成問題的善，即以它對人的自
我實現允許的現有的可能性，或以它將來對
這樣的條件提供的潛在的貢獻，來評價一切
社會形態。

　　伊戈頓還認爲，如果把價值插到事實的

內部，馬克思主義科學能夠揭示歷史的規律，卻不能斷言他們提出的不可避免的結果是否在事實上是可描述的。事實與價值兩分法所不能敘述的東西，就是解放的知識——一種對於人類自由的根本性的特殊認識。在任何被壓迫階級或群體看來，這種理解和對現實的變革，事實與價值，是同一現象不可分割的方面。如果是這樣的話，那麼馬克思主義對美學所提供的憑想像解決的問題有其特殊的回答。以為美學能夠使價值超出對物化世界的觀察與判斷——知識，那是一種幻象。相反，馬克思主義則把事實與價值的統一安放在人們實踐的、批判的活動之中——以被解放的關切帶到其生發出的首要之處的知性形式之中，深入到積極的鬥爭和價值實現的一個獨特的部分之中。這樣伊戈頓便正確地按照馬克思主義認識論和價值觀以及美學之間辯證關係的原則，把它們有機地統一起來了，這在他以往的文論與美學中均有涉及。

在伊戈頓看來，對於馬克思主義而言，
如果美學要繁榮起來，只可能透過政治變革
的「善」；並且這種政治因此是一種對美學
的後設語言關係。如果馬克思主義是一種後
設語言或後設敘事，這不是因為它宣告某些
絕對眞理，而是敘述它所堅持的，對於任何
人來說，無論怎樣的敘事都在確定另外一種
歷史必須在已經到位的方式下運行。關於這
種歷史，馬克思主義關注的是物質性的存在
和社會的再生產。伊戈頓特別注意馬克思
「對知識美學化的態度」因其道德觀的「矛盾
心理」被察知。這是歷史最終的道德化和美
學化與現實的「非道德化」和「非美學化」
之間的矛盾，是付出人類犧牲的代價也無法
解決的。它的力量可以透過社會主義鬥爭的
悲劇敘事被感知到，在那裏，人們勇敢地犧
牲他們自己的其他方面是爲了更大幸福的實
現。伊戈頓這一馬克思主義美學的新視野，
顯然與五○年代興起、至今猶盛的「文化學」
研究有關，也表現出與八○年代新歷史主義

批判中突出的「互文本性」(inter-textuality)，即各種不同領域的「文本」相互關聯、滲透、融化、貫通的觀念與方法有關。此外，他的論述也處處表現出後現代主義的反諷特點。

伊戈頓於「大美學」中，開具了馬克思主義的後現代「處方」。這種大美學的涵義，用他自己的話來說，即它被其他非美學的東西搶占了，這些東西就是處於「特殊與普遍」之間關係中的事物，它們對於倫理—政治有著巨大的重要性。如前所述，馬克思主義美學也是從「人身體」出發的，即伊戈頓指出，從具體的特殊性的存在（人）出發的一種唯物主義倫理學，就是美學。這使我們想到了俄國作家高爾基所說的「美學是未來的倫理學」這句名言。在此起點上，伊戈頓指出，是個別人的需要和欲望——更具體地說，就是「快樂、滿足和創造性」這一規定本身就帶著與個別人（複數）自身的不統一，因為個體不是封閉在自身的需要與欲望

之中，而是向世界、他者與對象開放。就拿被作為生命方式最高價值表現的自由與自我實現的最充分要求 —— 愛 —— 來說，伊戈頓指出，就可區分為許多種類型：有「博愛」 —— 一般政治學家們看作社會生活整體形態的價值；有「性愛」 —— 兩個個別人之間的性關係所表現的愛；還有，在醫學道德上，愛是對受傷害的身體的醫治。所以，愛在倫理學話語中，處於最模糊、暗淡、使人傷腦筋的首要地位。

　　所以，倫理學必然糾纏於政治行為帶來的價值，並在這種過程中往往要棄置快樂和滿足，就此而言，伊戈頓指出，它又不是美學。由欲望這個出發點會上升到「理性與公正」、「實現與抑制」、「教育與改革」，倫理最終又成了根本的政治中心。個別、特殊就這樣上升為普遍。因此普遍性 —— 我們參與公共的意義以及價值的規定之中的同等權力 —— 是一個最終目標，個體的獨一無二的特殊性可能得到重視與滿足。伊戈頓指出，這

種特殊性不是威廉斯所說的那種「好鬥的特
殊性」——現在把這些歸為「他者」,包括女
性、異國人、同性戀者——他們只要求認識
他們是什麼。「是」一個女人,一個同性戀
者,一個愛爾蘭土著,意味著什麼?而重要
的群體已經以一種政治批判的形態出現,迫
切地需要自由表現;但伊戈頓指出,更為基
本的政治問題,是和其他人平等的權力要求
揭示一個人可能成為什麼,而不是受制於設
定的、已經充分實行的統一性。一切「行使
反對」的統一性是對部分壓抑的作用,也是
對這種壓抑的反抗;而在這個意義上,一個
人能夠成為什麼,不可能從他現在是什麼看
出來。壓迫者的特權是決定他應該是什麼的
特權,這是進行壓迫必定需要的權力,是必
須普遍化的權力。那麼這種普遍就不是某種
嚴酷反對特殊的抽象職責的王國,而只是每
一個體都具有的得到他人尊重的差異,參與
所能成就的公共過程的平等權力。伊戈頓指
出,這樣一種政治目標的追求有著植根於美

學傳統中的極其重要的意義與價值，但也有
其反面的東西對之挑戰。這種美學本身就是
矛盾的概念，只有一種辯證的思想才能充分
公正。他也認為，理性、真理、自由與主體
這樣一些繼承傳統的話語確實需要深刻地變
革，但不是使之成為一種失去對狂妄的權力
進行反抗的豐富性與剛強性的政治。

　　伊戈頓也正如其他「西方馬克思主義」
者那樣，無意於一般地對「美的本質」、「藝
術的本質」之類的問題進行探討。他們都認
為在這樣一個各種資訊與「美的經驗」已經
飽和的時代，那種舊的哲學美學需要從根本
上加以歷史化，並可期待透過歷史化使之不
同以往。正如詹明信所指出的，馬克思主義
也有自己的「非本質主義」，即可把「本質主
義」置於括弧之內，或使之「不出場」。然而
任何一種「非本質主義」，無論是馬克思主義
還是非馬克思主義或反馬克思主義，都把各
自的「本質主義」隱含不露，它們在理論上
提出的任何一個問題都或遠或近地通向某種

本質。我們用這樣一種眼光來看「大美學」、「反本質主義」，我們就可以說「後現代」畢竟是「人類的後現代」，它提出的任何問題也都能找到或遠或近通向人類歷史古代的通道。這樣看來，「大美學」早已包含在席勒「只有透過美，而非政治，才能解決人的自由問題」，也包含在黑格爾「美是理念的感性顯現」這個定義之中，也包含在鮑姆嘉通「美是感性認識到的完善」這樣的定義或其他之中。如果對後現代主義「大美學」之「宏大」再增加一點什麼的話，那就是對「美學意識形態」來說，「經濟起最後決定作用」。而商品化過程在「全球範圍內的完成」，便是經濟的最終決定作用。這一幕對人類是悲劇性的還是喜劇性的？人的「物化」是否隨著商品化的消失而消失？這不是倫理學上的「好」與「壞」的價值判斷所能決定的，美學上的「悲劇性」和「喜劇性」對此更是無能為力。

註釋

❶Terry Eagleton, *The Ideology of the Aesthetic*, pp.226-227, p.208.

❷馬克思著，劉丕坤譯，《1844年經濟學─哲學手稿》，北京：人民出版社，1979，頁79。

❸Terry Eagleton, *The Ideology of the Aesthetic*, p.228.

❹同上，p.199。

❺同上，p.201。

❻馬克思，《1844年經濟學─哲學手稿》，頁93。

❼《馬克思恩格斯全集》，第1卷，北京：人民出版社，1966，頁87。

❽同上，頁587。

❾Terry Eagleton, *The Ideology of the Aesthetic*, p.212。

❿馬克思，《1844年經濟學─哲學手稿》，頁85。

第六章
對資本主義文化的批判

　　與他的老師威廉斯相同，伊戈頓不僅十
分關注資本主義社會的文化問題，而且對之
進行了猛烈的抨擊。他對資本主義文化的關
注，在其六〇年代至九〇年代的大量論著中
都可以看到。一九六八年他與布萊恩‧維克
合編了《從文化到革命》（*From Culture to
Revolution*）一書，對資本主義的文化發表了
自己的看法。他從十九世紀末到二十世紀文
化與社會的論爭歷史中找出了一個關鍵性的
問題，即什麼是共同文化，認為如果要理解
十九世紀文化論爭與當代文化論爭的連續
性，就要把握這種關鍵問題。他認為要進行
這項研究工作的最好辦法是分析三個最關鍵
的現代人物，即艾略特、李維斯與雷蒙德‧
威廉斯，因為他們分別代表了保守主義、自
由主義、激進社會主義對文化與社會的不同
看法。

　　李維斯認為，在過去某個「有機的」社
會裏，藝術與普通生活相互聯繫，但在商業
主義唯利是圖的當今文化語境裏，二者之間

只能是一種基本上相互敵對的關係。文化
（藝術）與文化（社會）結合時，只能透過有
意識的努力才能使自身免受貶損，從而創造
性地闖入在這種社會裏只能是少數人的意識
和行為，這種創造性的活動應該由相當機敏
且有防衛能力的精英們去悉心籌劃。這種觀
點顯然是十九世紀自由人文主義的延續，即
承認個體應保留某些既有的價值，然而如果
要擴展到整個社會，勢必損失慘重。

　　李維斯對「有機」社會的懷舊情緒同樣
可以在艾略特身上看到。艾略特也相信，充
分自覺的文化只能是精英人物的專有品，只
是在如何看待精英人物的本性這個問題上，
他與李維斯有明顯區別。但是艾略特並不屬
於彌爾和阿諾德（M. Arnold）一脈的自由主
義，而是屬於柏克、柯立芝和狄斯累利等人
的激進保守主義傳統；就是說他並不相信在
自覺自省的精英人物和唯利是圖的大眾之間
存在著不斷的、無法消除的緊張對立。他相
信可能有一種共同分享的文化修養，這就是

他所稱的「共同文化」(common culture)：
一個有著共同的信念、意義、價值和行為的
社會。然而艾略特保守地認定大部分人既沒
有能力掌握自覺的文化，也沒有能力擁有自
覺的信念，這就妨礙了他關於共同文化共用
信念的設想。其實艾略特還是認為大部分人
太笨，他們沒有信念或感情，精英人物有意
識地培植的那些價值只能以經過蒸餾的間接
形式體現在那些人狹窄單調的生活的潛意識
肌理和律動之中。艾略特的精英人物順理成
章地與英國統治階級掛起鉤來，他自己就是
其中一員。從這個意義上說，艾略特的共同
文化主張「不無道理」，他繼承了保守的社會
思想傳統，把社會看作階級界限森嚴但能夠
自我滋養的有機整體，不同層次上的階級分
享同一文化，並且在各自不平等的結構位置
上共同因為一個和諧的整體而奉獻。至於把
高雅文化直接提供給艾略特所稱的「下層社
會」則是大可不必的，因為這樣做只會給所
提供的東西摻假。但艾略特強調文化的潛意

識性，強調透過潛意識來傳輸文化，因此避
開了自由主義在延展與保存之間的緊張關
係。他既堅持了他的文化共同觀，又不放棄
政治保守主義，在拋棄資產階級自由社會的
文化形式的同時，緊緊抓住了這個社會的政
治和社會經濟等根本概念。艾略特強調作為
生活體驗的文化具有潛意識性質，這對他的
論點至關重要：恰恰因為文化是一個民族的
整個生活方式，所以文化永遠不能完全進入
意識領域，所以我們意識到文化絕對不是文
化的全部。

　　威廉斯在《文化與社會》的「結論」中
也強調作為生活體驗的文化的潛意識性，但
他將潛意識性與一種不同的價值結構聯繫起
來，他說：文化，當他被生活體驗的時候，
總是部分地未知、部分地實現了的。一個群
體的形式過程總是一場探索，因為意識不能
先於創造，沒有可以演算未知經驗的公式。
因此，一個好的群體、一種活的文化，不僅
僅為能夠合力推進共同需要意識的所有人提

供場合，而且積極予以鼓勵。我們應該常常認真地考慮每一個附加上來的因素、每一個價值，因為我們不知道未來，永遠不能肯定豐富未來的確切東西到底是什麼。在威廉斯看來，文化的潛意識性，文化中的任何一點都缺乏整體上的可把握性，這是由於文化隨時敞開接受貢獻給它的一切。文化永遠不能被完整地帶到意識面前，因為它永遠都不會徹底地完成。所謂共同文化，就是意義、行動以及描述等不斷交換的過程，絕不是自我意識到的或可以總體化的整體，而是在所有文化成員的意識中，因而也是在充分的人性中，不斷長大推進。伊戈頓分析道：威廉斯與艾略特的關鍵區別是，前者主張的共同文化不僅被共同地享有，而且被共同地創造：透過合力參與得到共同享有。對激進社會主義者而言，共同文化是這樣一種文化：它全力創造並維護自己的所有形式，包括藝術、政治、道德以及經濟，所有成員都最充分地共同參與這些文化形式，而前者的共同文化

則是在固定不同的層次上被共同地參與和享有，是為少數幾個人保留的意識的界定和培育能力。伊戈頓認為，社會主義共同文化觀的涵義應是：在全民族的集體實踐中不斷重新創造和重新定義整個生活方式，而不是把別人的現成意義和價值拿來進行被動的生活體驗。

伊戈頓指出，也可以換一種方式來看威廉斯與艾略特之間的不同。在威廉斯看來，共同文化的意識和潛意識生活是一個過程的兩個方面，而艾略特則以為它們是不同社會階級的特徵。威廉斯的共同文化中的自覺意識既比艾略特的多，也比他的少；多在它是全體成員的積極參與，少在這種參與所創造的東西不能事先設定，在創造過程中也並不完全清楚。

伊戈頓透過上述比較進一步指出，把文化看作自然生長的自覺傾向，這種文化觀將兩種因素融合起來：真正的共同文化從來不是完全自明的，不能對它進行徹底的描述，

所以如此，恰恰是因爲它是所有成員完全自
覺的合作。艾略特的文化觀卻在這中間打進
一個楔子：少數者培植意義和價值，然後傳
輸給潛意識的多數者。這樣，艾略特眼中的
價值就能在一定程度上被事先設定：文化基
本要素已經存在於少數人的頭腦，可以大致
說出價值是什麼樣子。因此，儘管威廉斯和
艾略特都把一個現存社會階級的價值指定爲
新社會的創造性象徵，但艾略特指的是精英
統治階層的神聖義務和權力，而威廉斯指的
是工人階級運動的共同責任和平等合作，這
是兩者的根本性差異。作爲一個馬克思主義
學者，伊戈頓的上述分析是十分精確的。

　　對於一個馬克思主義者，或者對於一個
社會主義者而言，相信共同文化的可能性就
是相信「高雅」文化的力量，但這種文化是
由整個群體再創造並分享的，應該得到豐富
而不是破壞，在這個意義上的文化共用就是
必須讓全體人民參與並控制作爲整個生活方
式的文化生成過程。因此伊戈頓指出：現實

地看，這個運作過程就是革命政治。當然，保守主義把這兩個層面都看成災難。自由主義可能承認有必要讓群眾接近文化價值，但也會拋棄或限制爲確保群體接近文化而創立的實踐機構。在一定程度上，關鍵不是把社會看成靜止的還是運動的，已然的結構還是正在進行的人的創造活動。伊戈頓指出：社會主義關於共同文化的可能性的依據是，英國教育、工業以及民主一直朝著整個社會對自身經驗實行總體控制的方向發展，遠未結束的漫長的革命鬥爭將承擔起集體的責任。

　　一九九二年，伊戈頓被聘擔任牛津大學凱瑟琳學院英文教授。有意思的是，凱瑟林學院其名稱就是一個將錯就錯的產物。這所創辦於十九世紀的學院，當初本是招收唸不起牛津大學的窮學生的一個學會機構，早期的窮學生們以飯廳作爲他們的社交中心。飯廳在凱特街（Catte Street），人們把「凱特」誤以爲是聖凱瑟琳（Catherine）的簡稱，於是就有了這樣一個學院的名稱。讓工人出身

的伊戈頓出任這所學院的教授，眞可謂歷史
的有趣巧合。他在到任的就職演說中，高度
關心文化問題，其演講的題目就是「當代文
化的危機」。

　　他在演講中簡單地回顧了英國文學的研
究歷程，然後話鋒一轉，指出：在本世紀頭
幾十年，英國文學研究在面對世界性的現代
主義的挑戰時，以昔日帝國的國際主義作爲
回應，以全球爲馳騁的疆域，以本土爲安全
的中心。不過這種信心十足的霸權也包含著
自我解構的種子，因爲李維斯的研究所持的
意識形態至少表現出這樣的特點：看出民族
語言的豐富表現和獨一無二的英國經驗方式
有著特別密切的聯繫。因爲當「英聯邦文學」
成爲一個普遍被理解的東西時，相伴而生的
是民族的言語脫離了民族的本體。伊戈頓論
道，自二十世紀六〇年代後期以來，所謂的
人文學科無疑第一次在西方成了進行激烈政
治抗爭的競技場，而文學研究向來就是人文
學科的前哨。這在一定程度上是一種話語移

置，令人沮喪地表徵了我們時代的特點，但是它的確證明了我們經受的危機是一種特定文化的危機。學術圈外的人士根本不會搭理我們談論的是能指還是象徵，是符碼還是慣例。如果說文學在今天還重要，那是因爲人們認爲文學以形象和感性的獨特形式生動地表現了基本的和普遍的人性，我們生活於其下的統治制度既需要這樣的文學觀念，又使它聚訟紛紜。文學使我們體察入微地親近了母語，也因此親近了它的客觀對應物——那個抽象的政治統一物，我們作爲形式上平等的國家公民共用此物。作爲一名社會主義者，伊戈頓坦言他不把人性看作是一種可以直覺到的固有物，而是看作一個有待完成的政治任務。但是對於觀點相異的那些人來說，當前對這種文學意識形態提出的挑戰具有不言而喻的警示意義，因爲他們中的許多人早已停止在一般社會生活中判定價值。

伊戈頓認爲，像迄今爲止的許多人類社會一樣，資本主義統治制度要求借助於某種

超驗價值爲其行爲簽字放行，但是按照哈伯瑪斯的觀點，這些尋求合理化和世俗化的社會制度必然使自身的形而上基礎受到越來越嚴重的動搖，一隻手製造的神秘性被另一隻手拆解了。基礎和上層建築、商品生產和精神法度也因此令人難堪地彼此不合。後現代主義從其恩師尼采那裏得到提示，爲走出絕境指出了一條絕對大膽的途徑：忘掉本體論的依據和形而上的清規戒律，承認上帝（或上層建築）已死，至於自己的價值，就在自己的實際行動當中，就在那個無限增殖的衝突和主宰之網上，即尼采所說的權力意志。這種策略指望消除發達資本主義的行爲矛盾——事實和價值的嚴重脫節，這是造成意識形態不穩定的根源。但這樣做的確需要資本主義制度付出太大的代價，要求它忘記文化不僅僅反映社會實踐，而且使社會實踐合法化。伊戈頓認爲，文化絕對不會從我們的實際行動中自己生發出來，否則我們最後只會得到一些最壞的價值。文化必須使實踐活動

理想化，予它們以形而上的支援。然而商品
形式越是抹平價值平等，將多種多樣的生活
形式不分清紅皂白地混成一團，使超驗領域
變得空空如也，就越會掏空社會的意識形態
權威所必需的象徵資源。

　　於是伊戈頓提出這樣的問題：現在的情
況是，文化越來越難以勝任它那一貫的調和
作用，而這個社會的文學研究恰恰是以文化
的調和爲基礎的。那麼只要這種文化觀念力
圖調解的是物質性的矛盾衝突，如戰爭、階
級鬥爭、社會不公等，那麼作爲調和塵世紛
爭的更高形式的文化就會有一點微弱的說服
力。但是，一旦這些爭執也成了文化的東
西，調和的力量就越來越小。因爲文化現在
顯然是問題的一部分，而不是解決問題的方
法；文化是戰場，而不是可以彌合差異的奧
林匹亞神台。傳統的文化概念不啻於聽到一
個噩耗，一直是過去幾十年主要政治議程的
少數民族、性別、革命民族主義等矛盾衝
突，現在成了一些語言、價值、身分以及經

驗的問題。這些政治思潮認為，文化就是拒
斥或加強，讚賞或彈壓，確定或否定。文化
要麼是盡情揮舞的無敵劍，要麼是受到唾棄
的強橫之物，要麼作為身分的徽章而孜孜以
求，要麼對它堅決抵制，認為它至多只會說
你沒文化，以前和以後永遠都不會有文化。
這一切的確不可思議，因為文化不僅被認為
與權力沒有任何瓜葛，甚或是權力的對頭。

　　伊戈頓指出，顛覆傳統文化的並不是它
的左翼，而是右翼，不是批評家在顛覆這一
系統，而是這一系統的守護神。伊戈頓這一
觀點正像布萊希特所說的那樣，激進的是資
本主義，而不是共產主義。班傑明也說過類
似的話：革命不是失控的火車，而是一次緊
急制動。資本主義使每一個價值都成了疑
問，使熟悉的生活形式分崩離析，使一切堅
實的東西化成「肥皂劇」。但是資本主義難以
承受這種根本的革命所帶來的焦慮感、懷舊
感和滅絕感，需要某種稱為文化的東西來呵
護它，而它一直全力削弱的也正是這文化。

文化更加零散、折衷、通俗、世界化，這是
符合晚期資本主義邏輯的文化，但根本不是
阿諾德期盼的文化，而且還令人尷尬地羞辱
了他爲文化確定的前提。接著，後現代主義
把這種矛盾簡單地顛倒過來，企圖用異質性
來拆解該文化系統形而上的方面。伊戈頓指
出，這種粗糙的理論使商品形式在反對精英
主義的名義之下輕鬆地獲得了簽證。其實，
這種理論比任何精英主義都更加盛氣凌人，
比任何學院派頭都更加孤高冷漠。它不負責
任地爲市場制度吶喊鼓勁，但對於平民百姓
來說，市場使他們無家可歸，無業可就，並
不曾引起什麼來去不定的利比多衝勁；從全
球看，市場引起戰爭，把世界變成了大廚
房。於是，伊戈頓指出，就文化而言，我們
處於一個相當危險的時刻，病毒性的人文主
義時刻威脅著文明。

　　十九世紀的一位批評家曾經說，英國人
的抽象思維能力極差，但是有寫詩的天賦。
伊戈頓提請大家注意，如此簡單化的對立竟

然可以高度概括英國的社會史和學術史。人
們能感覺，但不會思考，或者說，人們小心
翼翼地避開那些力圖對整個生活形式提出批
判質疑的思想方式。他還指出，在英國，與
詩相對的不是散文，而是雅各賓激進的思
想。如果說有些人覺得文學理論這個術語像
個矛盾語，那是因為對英國人來說，文學可
以代替系統的追問，而不是被系統地追問的
對象。在英國總是有人敦促修習文學的學生
避開抽象，注意個別，似乎一旦粗暴地剝去
提供不少資訊的文化語境之後，這個可憐巴
巴的個別之物就不是最乾瘦的抽象之物了。
其實以伊戈頓看來，文學作品的意識形態完
全是法國大革命留下的傷痕的反應，在民族
的政治潛意識中，這種傷痕依然存在，英國
文學批評一直與它進行著魂牽夢縈、沒完沒
了的對話。文學批評之所以能登上英國文化
的前台，這在很大程度上是因為周圍的經院
學科自動放棄了它們的學術責任。因為關於
真理和正義、自由和幸福等重大問題的思考

總得有個落腳之處。如果這種思考求索不喜
歡乾巴巴的技術哲學或沈悶的實證主義社會
學，那麼就會移置到知識準備還欠充分的批
評上來。因此文化理論被認為反映了這一歷
史情形。它試圖從文學領域內部著手，解決
認知學科幾乎完全推在一邊的問題，使這些
問題具有科學謹嚴性。因此在伊戈頓看來，
文化理論是雙重拒絕的產物：一方面，英國
哲學和社會科學明顯地把這些問題簡化成純
粹的偽問題或技術問題；另一方面，道學家
把這些問題移置為只有批評才會以反動的方
式提出的東西。因此，文化理論是對當前學
術勞動分工的根本挑戰，這也是現行體制對
它感到頭痛的原因。伊戈頓甚至提醒人們注
意，事實上，我們的傳統知識結構現在已經
放入了坩堝，人們不能對此視而不見卻又自
我感覺良好。

　　伊戈頓之所以驚呼當代文化面臨著危
機，還在於看到了更深層次的危險。即男人
或女人們並不單靠文化活著。就文化的更窄

意義而言，大部分男男女女們的生活與文化
沾不上邊。激進的文化理論家們有許多過
錯，但是他們之中似乎沒有妄自尊大者，正
是唯物主義使我們懂得，在任何深刻的社會
變革進程中，不能把我們自己放在中心位
置。伊戈頓幽默地指出，這不是艾莉斯‧沃
克是否比托馬斯‧曼更偉大的問題，這個問
題由華盛頓去估量吧，它眼下正在估量蘇聯
集團的倒台會給它帶來巨大好處呢，還是釋
放出搖動它的全球統治的危險力量。也可以
走著瞧，看看昔日的後資本主義國家是否在
降服南方的事業中證明自己是可以長遠合作
的可靠夥伴，看看這些國家對世界資本主義
的創傷性插入是否會真的引起分裂，以至於
不得不經常用槍炮來保護自己。伊戈頓所說
的這些事例其中心顯然不是文化，但文化也
絕不在這些問題的邊緣。因為研究人類文化
就是研究這些世界歷史問題如何表現為生活
經驗的形式，如何穿過能指的行列呈現為象
徵意義。就此而言，文化研究與其說關注自

身的生存和繁榮最需要的東西，不如說它關
注最獨特的人性。從某種意義上說，文化是
剩餘和超出的東西，無法用嚴格的物質尺度
來衡量。但是自我僭越和自我超越的能力恰
恰是衡量人性的尺度。

伊戈頓批評唐寧街的英國政府，指出他
們喜歡說，文化不是太少，而是太多太濫
了，文化太多會產生危險。簡言之，在一個
連民眾的就業問題都解決不了的社會裏，如
果產生出對文化期待極高的民眾，那是眞正
的危險。伊戈頓抨擊這種言論爲「一個對付
政治不忠的古典竅門」。政府的那些見多識廣
的人民委員們肯定在耐心打聽著對年輕人的
過分教育所產生的不如人意的後果。沒有一
個政府會爲無所事事的人民提供良好的教
育，而我們生活的這個制度存在著嚴重的經
濟危機，政府很難讓它的人民悠閒自得，但
是在教育方面，完全可能比以前更加賣力。
於是將回到這樣的狀態：文化再次成爲精英
人物的專有物，人民將接受沒有職業的職業

教育。伊戈頓指出，他所崇敬的班傑明習慣
於向前看，而不習慣於向後看。他發現被壓
迫的先輩的希望已經隱約預示了理想中的未
來，只是先輩們的解放工程在那個時代被壓
碎了。他說並不是已經獲得解放的兒孫們的
夢想激發著男男女女們起而造反，而是經受
奴役的先輩們的記憶使他們揭竿而起。佛洛
伊德提醒我們，如果沒有記憶，就只能重
複。如果說激進派現在的努力不能取得成
功，那麼遭殃的不只是我們的後代，現在的
青年學子也將承受苦果。

　　一九九四年，伊戈頓發表了〈權利與
善：後現代主義與自由國家〉一文。文中就
資產階級自由主義的國家、權利、公民意識
等問題作了深入的分析與批判。在文中他提
出：馬克思主義總是把自己看作是對偉大的
自由主義傳統的揚棄，相反，當代那些激進
份子卻把這份巨大的解放人的遺產庸俗地簡
化成惹人嫌的「自律的主體」。他認為馬克思
本人是一個康德主義者和個體主義者，他相

信應當把人看作目的而不是手段，道德之善
在於最充分地發展人的個體的力量和能力。
自由主義者和馬克思主義者都認為，自由在
最大程度上決定著一個人的生活狀況。但自
由主義者竟然相信這件事可以限制在私人領
域，這就違反了歷史眞實。自由主義者反對
共產主義，因為他們害怕最終出現人們信念
雷同的局面，共有一個善的觀念，導致可能
多元的善出現致命的貧困化。公有社會主義
者反對自由主義，恰恰是因為人們沒有一個
共同的生活形式，因而是無根的、原子化的
和失落的。社會主義把自由主義和公有社會
主義的最好部分結合起來。它和公有社會主
義相同的地方在於，相信集體決定意義和價
值，而且這樣做的結果不會產生一種單質的
社會，恰恰產生自由主義者歆羨的那種多元
化。於是，伊戈頓重提文化問題，並指出這
個事實所以沒有看出來，**關鍵**原因是「共同
文化」這一術語的歧義性。如前所述，共同
文化可以反映一種共同享有的文化，也可以

指共同創造的文化；公有社會主義者錯誤地
以為後者隱含著前者。事實是，如果人人都
能充分參與文化的界定過程，那麼這樣的文
化比僅由精英們構想其價值的文化更具異質
性。如果有一種共同文化具有產生於民主集
體的文化形塑過程所體現的價值，那麼我們
願意看到這樣的共同文化。但是在這個共同
文化天地裏，價值結構所表達的不同利益之
間將會有不斷的衝突和商討。

　　如果說社會主義結合了自由主義和公有
社會主義的最好的東西，那麼後現代主義則
把這兩個世界最壞的東西結合在一起了。首
先它與公有社會主義相像得令人難堪。像公
有社會主義一樣，後現代主義在啓蒙思想裏
只發現了錯誤，而且對自我的文化和歷史建
構強調到無以復加的程度，以至於如果要對
造就它的傳統進行徹底的批判，就非得狂傲
自大地跳到形而上外層的空間。二者都是文
化主義的形式，而文化主義是一種與它自己
全力反對的簡化的自然主義和生物主義其實

完全一樣的學說。二者都是因襲主義的品
牌，堅持認為正確的行動或善的生活只能根
據我們所承繼的特定文化實踐來界定。二者
把自我嵌入一種純粹細部的歷史，因此道德
判斷不可能是普遍的。

　　伊戈頓進一步批判後現代主義，指出其
從公有社會思想傳統裏拿來片面的文化主
義、道德相對主義和對批判的敵視，相反，
社會主義從同樣遺產裏揀取了群體、歷史
性、關係性等肯定性價值。而後現代主義卻
接著把這一切與公有社會主義的敵人自由主
義的最糟糕的東西結合起來。它對自由主義
的公正、平等和人權等主題幾乎毫無興趣。
因為這些東西會使它那種神經兮兮的「自律
的主體」和「差異拜物教」很不自在。極端
地說，後現代主義的主體是一個明顯的矛
盾，既比它前面的統一主體自由，同時又更
不自由。一方面，後現代主義的文化主義偏
見發展為一種決定論，我們不可避免地被權
力或傳統或闡釋群體帶入特殊的行為和信

念。另一方面，主體是古典自由主義的歪打
正著、扭曲變形的一種否定性自由。因此異
質性便把這些對立學說權且拉在一起：主體
是移動的、自由飄遊的、臨時性的，因為它
是許多決定性符碼的產物，生存於文化框架
的碰撞結合點上。它是「自由的」，因為它同
樣具有現實本身的隨意性、無結構性和無限
性。但是由於所有這一切決定了它的根本結
構，它就在自由狀態下被決定了，這樣的自
由已經與自我決定的肯定性自由幾無或毫無
共同之處了。

第七章

馬克思主義當代形態的
批評實踐

　　伊戈頓不是一個純粹經院式的書齋裏的學者，他也是一位成績斐然的文學批評家。在他眾多的理論著述中，作家作品的評論占有相當比例，其批評對象幾乎囊括了西方主要語種文學史上的所有重要作品。他那些數量頗豐的批評實踐，既是對他的理論建樹的實際驗證，也是對理論問題的進一步闡發；既是極有分量、透徹有力的學術論文，又是詩性很強、讓人陶醉其中的創作式文本。在批評實踐中，伊戈頓能把作品放在語言文化與歷史現實的大背景下，縱橫捭闔，酣暢淋漓，盡顯大家風範。

　　一九七八年，伊戈頓發表了〈丁尼生：《公主》和《悼念》中的政治和性徵〉一文，以葛蘭西關於政治霸權的馬克思主義理論和拉岡關於語言和主體性的精神分析理論，對阿爾弗雷德‧丁尼生詩歌中的政治和性欲作了深入的分析。作者指出，十九世紀中期的資產階級國家在解決它的伊底帕斯情結時遇到了麻煩。為了成為一條漢子，即為了充分

實現伊戈頓稱之爲「陽性」的政治統治，資
產階級國家需要解決對壓抑自己的「父親」
或國家權力的另一種形式所懷的某種嫉妒和
敵意。丁尼生《公主》（*The Princess*）裏的
那位雌雄同體的王子之父就是這樣一個「父
親」形象，這個國王野蠻粗悍，窮兵黷武，
頑固堅持性別歧視。當然十九世紀中期的國
家仍然離不開這種冷硬無情的政治壓抑，但
是只要明目張膽的統治未能鞏固統治階級的
霸權地位，那麼，在滿懷虔敬地與強有力的
父親認同的同時，還必須向「母親」或「美
好」和「高尙道德」等典範的「陰性」的
「文明」價值保持伊底帕斯式的忠誠，以此使
父子關係更加牢固和複雜。然而這裏還有另
外一個矛盾，只要性繁殖能夠繼續進行，資
本主義生產的社會關係就可以永久存在下
去，因此就必須壓抑和超越與母親的伊底帕
斯關係。但性的欲望是對社會制度的潛在顛
覆，性欲的萌動、形成以及產生都是一種異
質的社會構成，那麼如何才能避免性欲呢？

答案是：必須自然地去掉女人的性徵（desexualize），所有女人必須成為「母親」。

伊戈頓認為，《公主》的意識形態目的是透過重塑拉岡所稱的「象徵秩序」，想像地「解決」這些矛盾。文本的主導符碼（semiotic code）確實反過來對其他意識形態動機進行了編碼，那就是國家權力本質所包含的過渡危機問題，一八四〇年代階級鬥爭的激化、生產力的發展水準以及法國發生的那些駭人事件，都是引發這場危機的直接原因。伊戈頓認為，不妨大膽地稱這個文本為「對資產階級國家的精神分析學研究」，它把性生產和權力生產問題微妙地疊合起來，重新整合了象徵秩序，重新核定了資產階級的統治結構。伊戈頓指出，丁尼生的《公主》涉及到象徵秩序中出現的嚴重紛擾，在性角色的分配和穩定過程中出現了擾亂現象，其根源是後伊底帕斯時期接受了差異、對立和排斥。該詩的敘事骨架實際上是關於一個「陰性」男子，他為了吸引一個「陽性」女子

而男扮女裝並對她扮演兒子和情人的角色。
因此，這首詩的意識形態目標就是要重建社
會和性的再生產所必需的性角色的「他性」
（otherness），從而「解決」顛覆社會的雌雄
同體問題，同時實現有控制的性徵轉移和互
補（權力和溫情、知識和智慧等），這對於資
產階級國家的「人道化」和霸權的鞏固都是
十分必要的。

　　伊戈頓還分析道，丁尼生的許多文本都
對女人的「他性」表露出明顯的矛盾態度。
女人的「他性」是社會─性再生產所必不可
少的，然而丁尼生對女人深為懼怕的正是這
種「他性」。在丁尼生那裏，性欲一般與暴力
和死亡相聯繫，如王子與艾達之間的性鬥爭
引發了一場戰爭，在艾達的女性主義學院大
門上刻寫的箴言是：「男人進來，必死無
疑。」如果要穿越神秘的女性堡壘，要進入
女子長牙的陰道，就要冒象徵死亡的閹割危
險。丁尼生害怕女人，因為她們表徵著具有
潛在顛覆性的欲望之流，這就揭開了對母親

的崇高忠誠所掩蓋的罪愆感。不過他所以害怕女人，還因爲她們代表著被壓抑了的自身的「陰性」，充滿情欲的、私人化的以及心理疏離的「文學生產者」與「陽性的」國家意識形態維護者的格格不入，於是詩人的文本必須不停地將肉欲移置於感性。

伊戈頓認爲，《公主》中的王子本身也有伊底帕斯問題。王子處在熱衷於性別歧視的父親的陰影之下，他對母親的形象心儀不已。性徵不確定的王子經常陷入長長的虛譖幻覺之中，現實消解爲嘲諷的幻象，用拉岡的話說，這表明他不能適時地進入象徵秩序。幻覺引發了「暈厥」，象徵著性無能和被閹割。如果要克服這種象徵中的無能，王子必須以移置了的和神秘化了的形式將自己人格中的「陰性」因素壓抑下去。在這種虛擬化和神秘化的情況下，可以說他的婦人扮相和聲音具有一種與神經官能症相類似的結構：使王子既表達亦掩蓋自己的心理騷動。男扮女裝的遮掩和移換行爲反而加強了他的

男性特徵。當然，王子贏得艾達公主之後才真正成為男人，男扮女裝僅僅是實現目的的手段而已。如果說王子是一個陰性男子，那麼艾達就是一個陽性女子，這首詩的意識形態等式不妨可以寫作：陰性男子×陽性女子＝陽性男子＋陰性女子。

　　伊戈頓認為，透過以上分析，人們可以看出，《公主》文本完成了意識形態功能，象徵秩序得到重新穩固，當然，是以一種經過恰當翻新的形式來穩固的。意識形態無法接受國王那種蠻橫強硬的性別歧視方式，於是明智地將某些「陰性」品質摻入資產階級國家的性別歧視姿態，達到其支撐霸權的目的。如果對女人過分管制，兒子身上的遺傳效果和大丈夫身上的「精神效果」就可能引起社會災難和政治災難。在此，伊戈頓不只是要說明這首詩明目張膽的性別歧視的「內容」加重了對婦女的壓迫，還試圖說明，該詩在「物質的寫作實踐」中所得到的東西。即認識到艾達是「詩人─公主」，她認識到婦

女解放的關鍵條件是，從男人統治中奪過教育和「文化」機器。她和她的同志們征服並改變了有關科學、學問、歷史以及神話的「陽性」話語，「陰性」詩人丁尼生發現，很難把那些話語引入自己的詩歌生產，它們只能緊張不安、轉彎抹角地進入自己的詩歌生產。在占有艾達時，丁尼生／王子一併恢復了自己的意識形態能力、審美能力和性能力，詩歌的和「陽性」的理想自我合為一體。《公主》就是實現這種恢復的一個文本實踐。

　　伊戈頓進一步分析道：如果因此說《公主》勝利地解決了構成過程本身的矛盾，那將是錯誤的結論。該文本的確恢復了主角的本來角色，而且在一個關鍵的象徵行動中，真的說服艾達還原為心靈的孩子，肯定了神聖的母性和家庭性繁殖的優先地位。但是無論如何，王子最終仍然困在他的伊底帕斯問題之中，這首詩重構象徵秩序的企圖受到了嚴重的擾亂和質疑。文本最深刻的反諷之一

是，王子最後贏得了艾達，完全長成大男
人，但這也是一個後退過程，他像個孩子似
的離不開艾達的「母性」呵護。可以說，伊
底帕斯情結只是被轉移了。或者更準確地
說，眞正的矛盾也許在於伊底帕斯情結既得
到了超越，也得到了保護，王子在愛情和戰
鬥中長大成人，但同時也像個孩子一樣，離
不開情人的母性關愛。在伊戈頓看來，強調
這一矛盾是十分必要的。如果要使社會的生
產關係長盛不衰，就必須以成熟性欲的名義
克服伊底帕斯情結。但是，如果要克服欲望
的分裂破壞性，就必須使女人「非性欲化」，
使她成爲弱化男人的母親形象。《公主》始
終貫穿著這一矛盾。同時貫穿詩歌的，還有
另一相關的矛盾，即資本主義社會形態在需
要維護「陽性」原則的嚴格紀律的時候，也
需要「陰性」品德使僵硬的原則變得和煦可
人。詩的結尾的確奏出了一個和諧的音符，
明確評點了歐洲發生的政治巨變。這位托利
黨人的兒子竟然愚蠢地站在沙文主義立場，

以英國的穩定對照歐洲的動蕩，諸多此類評論無疑得到了文本的認可。然而，作者的代表人物隨即就在文本中插入進行加工改良的「陰性」條件，同時指出了英國的「社會不公」和必要的政治耐心。

　　《公主》最奇怪的特徵之一是，始終迴盪著一種鬧劇的意味，詩好像是不時地取笑自己。讀者可以體會出喬裝的王子喊出女高音時的那副荒誕樣子，或他從一夥激怒的女性主義份子那裏狂奔逃命時的狼狽相。在伊戈頓看來，很難不把這些做法與佛洛伊德笑話裏的「防衛」和「移置」機制聯繫起來，痛苦難耐而又幾乎不能進入意識的干擾材料只有透過「非陽性化」的形式，才能進入意識範圍。如果《公主》的意識形態主旨可以與拉岡式的「象徵物」聯繫起來，那麼也可以在拉岡的經典意義上把密實封閉起來的「中心」形式稱為「想像物」。這就提醒我們，詩的實體是神話，因為神話就是那種自我封閉的豐富秩序，其對立面是開放的歷史辯證過

程。還可以說，神話是「形而上的」，因爲它
以表意結構替換歷史。那麼，這首詩最深層
的形式是反諷，雖然是神話，但實際「內容」
卻是轉喻的，與敘事／欲望的運動和移置有
關。轉移運動被封閉和穩定在形而上範圍之
內，穩定性的表徵之一就是敘事中有規律地
反覆出現的「陰性」抒情。如果敘事以轉喻
爲主，抒情就主要是形而上的。「形而上」
女性因此能經常溫文爾雅地陪伴著「轉喻的」
男性，收回並補救他們的混亂敘事，使之成
爲安寧、沈穩、「永恒」的神話主題：愛情
曲折、離愁別恨等等。

　　伊戈頓認爲，相比之下，《悼念》是一
篇「空洞無物」之作，它的語言似乎無精打
彩地圍著某種難以把握的虛無兜圈子。這種
虛無就是哈勒姆之死造成的空缺，他的死無
異於來自「超驗所指」世界的嚴重打擊。感
覺所依賴的意識形態基石被挖掉之後，《悼
念》自身的能指便只能互相激起一些空谷回
音，生成某種心境或語境，也許可以捕捉住

有點實質意義的所指，然而所指總是捉摸不定。該文本的語言經常發生意義移置。伊戈頓曾不只一次地論道，哈勒姆只是堆放意識形態種種焦慮的場地而已，那是對科學、宗教以及階級鬥爭的焦慮，簡言之，是對旨在解構中心的「革命」的焦慮，這場革命將「人」從「想像的」與世界的統一關係中解放出來。伊戈頓指出，丁尼生和哈勒姆的關係就是這種標準的「想像」的關係。但是，哈勒姆之死把詩人從「想像的」和自戀式的充分同一性中驅逐出來，任由他在「象徵秩序」中徒自傷悲，在差異、失落、空缺和放逐的不斷遊戲中形影相吊，這種遊戲成了文本語言形式的一部分。如果要進入象徵秩序，就要承認世界獨立於人的意識，世界繼續存在與否並不決定於某人的存在與否，因此，一個人是可以死的。

　　然而，《悼念》的矛盾是，哈勒姆之死迫使文本意識到這種不同和對立，便是文本也發現意識形態不允許動搖人的形而上中心

地位。詩中的嬰兒慢慢地從「鏡像階段」浮
現出來，但丁尼生本人卻仍然陷在這個階
段。按照拉岡的說法，「需求」還沒有經過
語言的仲介成爲「欲望」，那麼，詩的意識形
態策略必須逐漸接受失去哈勒姆這一事實，
但是隨後必須以神話的形式將象徵秩序重建
爲「更高級的想像世界」。依照拉岡的說法，
哈勒姆作爲所有損失的「超驗能指」，對丁尼
生而言代表著陽物。這首詩只有承認陽物所
指的空缺和對立的必要性，才能「長成男
人」，克服自己悲悲戚戚的陰柔與稚氣，成爲
陽剛果斷、有力地發揮意識形態作用的文
本。但文本與哈勒姆的關係不僅是「想像
的」，而且是伊底帕斯式的、兄弟式的以及同
性戀式的，這一事實總是阻礙對那個超驗能
指的承認。哈勒姆時而是母親，時而是兄弟
或情人或妻子或丈夫，偏偏不是「父親」。如
果詩放棄與哈勒姆結合，將他樹立爲「陽性」
權威的典型，那麼詩就可以將自身的性別身
分確定爲對他充滿敬仰但十分強壯和獨立的

兒子或弟弟。文本中決定這種換位的是政治因素。在革命巨大的威脅之下，這首詩必然超越獨自哀怨的「陰弱之氣」，轉到「陽性的」政治統治問題上，是一八九八年讓文本解決了伊底帕斯情結。

伊戈頓指出，《悼念》正是以這樣的方式才得以最終進入象徵秩序，使自身成為亡父的意識形態和性能力非常強勁的兒子。它並不渴望與哈勒姆結合，而是為丁尼生妹妹的婚事大贊祝辭，喜氣洋洋地重新肯定資產階級的性的再生產。然而儘管如此，這首詩並沒有拋棄「想像」，詩的語言也是「象徵的」。當然在伊戈頓看來，還沒能達到馬拉美話語的那種「完全的象徵界」程度。在馬拉美那裏，所指蒸發為能指的無窮嬉戲，產生出嶄新的詩意。意識形態仍然約束著《悼念》，要求它生產出一種連貫的命題性的現實主義。所以，儘管能指和所指的連接確實鬆開了，但「詞」與「物」的「鏡子關係」仍被保留下來。而且，這首詩不僅在語言層面

維持「想像」，最後也會在「內容層面」這樣
做。哈勒姆最終昇華爲某種未來的人類統一
性的宇宙典型，確立爲主體們的最高生活中
的特殊主體，成爲所有創造活動的中心。

　　在這篇頗有趣味的評論中，伊戈頓運用
葛蘭西的關於政治霸權的馬克思主義理論以
及拉岡的語言和主體性的精神分析理論，用
佛洛伊德所講的伊底帕斯情結來分析十九世
紀中期資產階級遇到的矛盾、詩人丁尼生的
矛盾以及詩的敘事本身的矛盾，構成一個多
重交織的批評文本。尤其值得注意的是，在
這篇論文中，表徵著女性的「陰性」在伊戈
頓的分析中，成了與現存意識形態相對立的
顛覆性力量，性別視角在這篇論文中占據著
主導的地位。女性主義概念的引入，讀來確
實讓人耳目一新。

　　一九八二年，伊戈頓發表了另一部評論
《克拉莉莎被強暴：塞繆爾‧理查遜小說中的
書寫、性欲和階級鬥爭》，以一部專著的規模
對十八世紀理查遜的小說《克拉莉莎》

（*Clarissa*）進行了深入的研究。伊戈頓指出：小說《克拉莉莎》在整個十九世紀幾乎完全被埋沒了，到後來又成了「現代批評散布流言蜚語的地方」；伊戈頓重新審視這部偉大的小說，是爲了像班傑明說的那樣，「炸開歷史的連續性」，在我們的現在時刻與可以贖救的過去某時之間鑄造銜接點，最終目的還是爲了更好地解讀我們自己的時代。

　　《克拉莉莎》講的是一個年輕女子的故事。她心地善良，品德高尚，聰穎靈慧，但是卻遭到一個暴戾家庭的欺壓，一個臭名昭著的性暴徒把她從家裏誘騙出來，使她受盡欺騙、禁閉、迫害，給她下了麻醉藥之後，強暴了她，最後把她逼到死路。對於這樣一個故事，以往的批評家對主角的被強暴、受屈辱卻持有一些極有偏見的意見，其中伊戈頓特別提到了多蘿茜·凡·根特和威廉·彼迪·沃納。

　　根特的論文開篇伊始就談起小說的中心行動，認爲對一個年輕女子摧花折葉是一個

極其乏味、得不償失的行動，似乎不值得引
起滿世界的大驚小怪。她對克拉莉莎在拉夫
萊斯手裏遭受的折磨大加取笑，並儘量暗示
克拉莉莎是自作自受。在她看來，莉莎代表
的是渴望被強暴的極端清教主義，克拉莉莎
的性欲與強暴她的拉夫萊斯一樣強烈，性欲
是中心，而強暴行為並不是一件特別引人注
目的事件。由此她還得出這樣的結論，這篇
小說只是作者理查遜借助拉夫萊斯來放縱自
己的欲望。因而在她看來，《克拉莉莎》不
是悲劇，因為小說結尾時，女主角幸福地上
了天堂。

　　沃納的《解讀《克拉莉莎》》（*Reading
"Clarissa"*）是一部時髦的解構主義著作，對
克拉莉莎中傷攻擊，對強暴她的人大唱讚
歌。在沃納看來，克拉莉莎固守一種嚴格地
再現的寫作意識形態，相信穩定的符號和統
一的自我，堅持真實、連貫、因果性等價
值，這些代表的是應當被解構的、過時的價
值體系；而拉夫萊斯則是一個道地的尼采原

型，歡呼多元性、無根性和快感，因而他成
了一個解構主義的英雄。拉夫萊斯這位解構
主義英雄走上強暴這一步「具有不容置疑的
必要性」，他的強暴行為並不比驅使克拉莉莎
把這些事寫下來的「權力意志」更強暴，沃
納甚至認為，拉夫萊斯的缺點並不妨礙他是
一個「喜劇情人」。由此類推，似乎克拉莉莎
不懂什麼叫「開玩笑之筆」，倒是沃納慨然承
認，她被灌了麻醉藥並被強暴之後，發生了
一些「真正引人入勝的事情」，而且還告訴人
們，她遭受強暴之後，「感到自己被用過
了」，然而用了她的並不是一個性壓迫者，而
是「拉夫萊斯的虛構機器」。拉夫萊斯為自己
強暴「美麗的小情人」做了十足的犬儒主義
辯護，沃納對此大加讚賞。伊戈頓批評沃納
在很大程度上非常不祥地暴露了解構主義
「激進思想」的實質，即不知如何對付社會和
政治語境。

　　伊戈頓還提到了英國著名批評家伊恩·
瓦特，認為他對這部小說的研究與分析還是

「非常公允的」，但仍然有一些症狀性的盲
點。瓦特也像大部分批評家一樣，不無正確
地指出，克拉莉莎不清楚、甚至非常危險地
隱瞞自己開頭對拉夫萊斯的感情。瓦特非常
肯定以致有些武斷地說，克拉莉莎對引誘者
的有根有據的懷疑發生了變化，也成了虛假
的東西，與引誘者本人「虛假的性意識形態」
旗鼓相當。一旦邁出了這一步，就可以放開
手腳將「命運不佳的有情人」克拉莉莎和拉
夫萊斯與羅密歐和茱麗葉或特利斯坦和伊孛
爾德等偉大的浪漫悲劇裏的人物放在一起
了。個中意思不言而喻，而且沒有什麼稀
奇：克拉莉莎和拉夫萊斯同樣被虛假意識之
繭束縛了，互相掣肘，互相戲擬，無法將各
自真正的自我解放出來，悲劇就在這裏。這
樣說肯定有些道理，但是卻忽視了這樣的事
實：拉夫萊斯遠不是披著狼皮的羅密歐，他
基本上就是一隻狼，克拉莉莎就是這樣看他
的。

　　伊戈頓指出，《克拉莉莎》之所以成了

現代批評散布流言蜚語的一個文本，是因為它深深地觸犯了厭煩美德的自由主義新觀念，自由主義喋喋不休地說，惡魔有一身好德性，但是崇拜惡魔的批評家們不得不拚命採取道學家通行的做法，將拉夫萊斯現實化。伊戈頓認為，整個十九世紀實際上忽略了理查遜，後來，一種更為精細的批評方法發現了克拉莉莎並非完全如人們所想，於是理查遜重新登場了。克拉莉莎的「錯誤」一旦被揭開，就可以進行一些「知音」式的分析了：她只不過在精神上自鳴得意而已，竟然十分危險地不清楚自己內心深處的感情，甘願成為某種高高在上的道德和自我崇拜的犧牲品，在生活不順遂的時刻令人惱火地缺乏變通，甘願成為自暴自棄的受虐狂。於是保王黨人、解構主義者和直言無忌的自由主義者蜂擁而上，盡力暗示克拉莉莎受到的譴責只不過比羅克桑娜（Roxana）受的譴責稍輕一點而已。於是理查遜又走到了批評家們的前頭，為了讓女主角更可信，故意寫了她

□□ □□□

請貼郵票

收

臺灣商務印書館股份有限公司

（請用正楷填寫）

寄件者 姓名

地址：

郵遞區號

台北市襄陽路 88 巷 3 號之 9

106-□□

廣 告 回 信
臺灣北區郵政管理局登記證
北台字第 8719 號
郵資已付 免貼郵票

□揚智文化事業股份有限公司 □生智文化事業有限公司

謝謝您購買這本書。

為加強對讀者的服務，請您詳細填寫本卡各欄資料，投入郵筒寄回給我們(免貼郵票)。

E-mail:tn605541@ms6.tisnet.net.tw

網　址:http://www.ycrc.com.tw

（歡迎上網查詢新書資訊，免費加入會員享受購書優惠折扣）

您購買的書名：＿＿＿＿＿＿＿＿＿＿＿＿＿＿＿＿＿＿＿

姓　　名：＿＿＿＿＿＿＿＿

性　　別：□男　　□女

生　　日：西元＿＿＿＿年＿＿月＿＿日

TEL：(＿＿)＿＿＿＿＿＿＿　FAX：(＿＿)＿＿＿＿

E-mail：　請填寫以方便提供最新書訊

＿＿＿＿＿＿＿＿＿＿＿＿＿＿＿＿＿＿

專業領域：＿＿＿＿＿＿＿＿＿＿＿＿＿＿＿

職　　業：□製造業　□銷售業　　□金融業　□資訊業

　　　　　□學生　　□大眾傳播　□自由業　□服務業

　　　　　□軍警　　□公　　　　□教　　　□其他＿＿＿

您通常以何種方式購書?

　　　　　□逛 書 店　□劃撥郵購　□電話訂購　□傳真訂購

　　　　　□團體訂購　□網路訂購　□其他＿＿＿＿

　☞對我們的建議：

的一些缺點。

照伊戈頓看來，上述批評家對克拉莉莎的某些指責是大錯特錯的。有些甚至是惡口咬人。克拉莉莎之死實際上是對政治社會的絕對拒絕，一併拒絕性壓迫、資產階級父權制和放浪形骸的貴族。如果說首先是拉夫萊斯不能進入象徵秩序，那麼，克拉莉莎則是以放棄進入象徵秩序而結束的「超驗能指」。無庸贅言，她並不是什麼成長中的女性主義者或歷史唯物主義者，她比任何人都更加唯父權制之命是從，比任何人都更加賣力地為資產階級的忠貞道德辯護。關於克拉莉莎的無與倫比的道德和宗教境界，不乏讚美的華章或冗長的語詞，但是每一句漂亮話恰恰使捅在她這朵鮮花下面的社會制度裏的刀子鑽得更深。小說越是肯定這些價值，哈洛威一家就暴露得越發徹底。克拉莉莎越是表現出資產階級的柔弱溫順，對那些置她於死地的人所作的批判就越發徹底。伊戈頓認為，在細節放慢拉長的那些死亡場景裏，小說文本

在克拉莉莎身上濫施虐待狂式的暴力，不妨
把這看作小說本身的拉夫萊斯潛意識。然
而，它越是懲罰克拉莉莎，她的美德就越發
彰顯，而拉夫萊斯和哈洛威們的控告也就越
發野蠻。

　　伊戈頓還論道，克拉莉莎揭露了資產階
級的忠貞道德與資產階級實踐之間的斷裂，
不僅如此，那些忠貞道德本身就經受不住虛
構形式的壓力，紛紛破裂瓦解。理查遜在私
人生活裏反對兩性完全平等，甚至認爲一夫
多妻制也不失爲一種選擇，但是他受到自己
的虛構邏輯的約束，對那種意識形態提出了
全盤質疑。他像克拉莉莎一樣，言不由衷，
在精心監管的小說文本之下，虛構出一個抹
平一切的亞文本。基督教標準價值被用來反
對「家長權威和現金交易」，而根特卻荒謬地
以爲小說肯定了這些價值。不過這種對立包
含著另一種對立，那些置婦女於從屬地位的
價值觀念受到了更具顛覆性的質詢。在克拉
莉莎和安娜・豪的同志式通信裏，這一聲音

尤爲清晰。安娜絕不是女性主義者的楷模，
但她也許是十八世紀小說提供的最好鬥的獨
立型人物，她的話刻薄、幽默、道破眞相、
毫不含糊，既表達了姐妹團結，也提出了尖
銳批評，她是克拉莉莎的一部分潛意識，能
將女主角不宜說的話說出來。伊戈頓透過對
這些人物的具體分析指出，《克拉莉莎》無
異於給政治社會提出了一個刨根究底的問
題：眞理和權力是否相容？能否逕直相信話
語的「字面」眞理而不問它的隱密效果？或
者說，能否以加倍的虛假對抗虛假，這樣或
許能將權力平衡轉移到有利於自己的一側，
達到更深層次的非神秘化？伊戈頓形象地指
出，《克拉莉莎》是一場話語混戰，陳述句
是雷區，段落是政治戰術，牽涉到一些最基
本的問題。在這場爭奪意義的鬥爭中，在字
裏行間推敲和商討微言大義的過程中，進行
著階級之間和性別之間的戰鬥。書中幾乎沒
有一句話不折射出權力利益的作用，策略考
慮深入骨髓，戰術調度有條不紊。寫作就是

為了在權力鬥爭中爭得一個小小的立足點，
這是一種不斷的小規模遭遇戰和周邊迂迴戰
鬥。

　　伊戈頓明確表示：不管作家理查遜的意
識形態選擇是什麼，《克拉莉莎》給我們提
出了一個尖銳的問題，這個問題並不是文本
有意識地提出來的，而是經過一定方法的閱
讀之後免不了會提出來的。因為我們肯定不
能接受「想像的」克拉莉莎的自我，也不能
接受拉夫萊斯欺壓人的機會主義。換句話
說，我們既不同意沃納的解構主義閱讀，也
不能同意金基德－威克斯的自由人文主義觀
點。從某種意義上可以說，小說本身比批評
家們看得更遠，它清清楚楚地看到了個體主
義根本不是解決社會問題的出路。《克拉莉
莎》既看到了我們今天所說的性壓迫的「相
對獨立性」，也覺察到了唯物主義者所強調的
性壓迫的經濟基礎。性欲並非階級鬥爭的移
置，而是展開階級鬥爭的仲介。從某種意義
上說，小說的確將社會關係與性欲相對立，

克拉莉莎要麼成為哈洛威家族獵獲財產時的一件抵押品，要麼成為拉夫萊斯的情欲目標，但這樣的選擇實在不值得羨慕。然而資產階級財產和貴族混亂之間的這種矛盾掩蓋著一種更深刻的同謀關係，兩者都展示著個體主義的占有形式。拉夫萊斯和哈洛威一家是意識形態敵人，但他們也都是統治階級權力集團的一部分。從物質方面看，克拉莉莎的悲劇不是「世界─歷史性的」事件，充其量是杯中風浪而已。它戲劇化地反映了十八世界統治階級的左膀右臂之間的磕碰。但從意識形態方面看，這齣悲劇的確在相當程度上是「世界─歷史性的」，是英國的階級歷史上的一個關鍵階級。拉夫萊斯是一個反動的返祖現象，是一個不易「資產階級化」的老式浪子或復辟王朝的遺少，英國貴族的未來不是寄託在他的身上，而是寄希望於無可挑剔的中產階級的查爾斯・格蘭迪遜爵士。克拉莉莎之死使拉夫萊斯徹底崩潰，使資產階級父權統治獲勝。伊戈頓認為，克拉莉莎之

死很像力士參孫之死，以自己的毀滅使敵人遭到滅頂之災，這當然不是純粹現實主義方法所能解讀出來的意義。小說恪守細部的眞實性，但並不喜歡人們誇讚它整體上也特別眞實。克拉莉莎終於羽化而去，這是托物寓言的寫法，頗像《失樂園》或布萊希特的教育劇那樣，很不合現實主義者們的狹隘趣味。伊戈頓認爲，在這個歷史時刻，任何現實主義方法都不可能解決父權統治和階級社會的這些嚴重矛盾。社會往往把那些還不能歷史地實現的東西侍養在神話王國。伊戈頓認爲，這是當代人在解讀克拉莉莎的宗教信仰時應該最留神的地方。

縱觀伊戈頓的這部作品，我們可以看到他借鑑了現代批評理論的三種主要方法：後結構主義的文本理論、女性主義和精神分析、馬克思主義的歷史唯物主義理論，多種理論符號和話語概念的靈活嫁接，「狂歡式」地書寫出一種使東方讀者頗感陌生但又十分強勁的批評方式。伊戈頓把小說中拉夫萊斯

和克拉莉莎的書信當作蘊涵著豐富的意識形
態意義的符號來解讀。儘管兩個通信人的書
寫行為都是性欲的昇華，但他們的書信風格
仍有明顯差異。拉夫萊斯是「後結構主義的
先驅者，無根據敘事的病理學編織者」，而克
拉莉莎則追求穩定的再現，儘量完全駕馭自
己要表達的意義。伊戈頓以更接近於葛蘭西
和班傑明的政治感受力清洗了潑在克拉莉莎
身上的污水，而且以十分肯定的口氣說，她
就死的過程是在表明一種政治姿態，這種震
憾人心的超現實行為表明她脫離了自己曾經
在一定程度上贊成的那個社會制度，她的死
實際上是對政治社會的絕對拒絕，一併拒絕
性壓迫、資產階級父權制和放浪形骸的貴
族。這就是伊戈頓從過去「贖救」回來的最
主要的意義，他以此批判了為強暴者的德性
大唱讚歌的時髦的解構主義以及其他種種自
由主義的非歷史主義的解讀，這也就是他對
我們自己的時代的更好的解讀。伊戈頓的批
評文筆揮灑自如，又不拘一格，一掃學院文

章的枯澀沈悶，這種融學術和創作於一體的
寫作風格與羅蘭・巴特、德希達極為相似，
但是比他們又更坦直地表明了他自己的觀
點。這種批評模式又是在以往的馬克思主義
理論家的批評理論與實踐中所找不到的，在
他的身上可以明顯體察到馬克思主義文藝理
論與美學理論在二十世紀西方文化大背景下
的發展趨勢與走向，這就是既堅持馬克思主
義經典作家倡導和創立的歷史唯物主義學
說，又與當代西方各種思潮「平等對話」，並
尋求共同的話語系統，這些都是一個馬克思
主義當代學者所應具有的學術風範，從這個
意義上說，伊戈頓具有無可爭議的典範意
義。

參考書目

英文部分

Criticism and Ideology, NLB 1976.

Literary Theory: An Introduction, Minnesota University press, 1983.

The Ideology of the Aesthetic, Basil Blackwell Inc, 1990.

Walter Benjamin, or Towards a Revolutionary Criticism, Cambridge University Press, 1983.

中文部分

《文學原理引論》，龔國傑等譯，北京，文化藝術出版社，1987。

《馬克思主義文學批評》，文寶譯，北京，人民文學出版社，1986。

《審美意識形態》，王傑等譯，桂林，廣西師範大學出版社，1998。

《歷史中的政治、哲學、愛欲》，北京，中國社會科學出版社，1999。

國家圖書館出版品預行編目資料

伊戈頓／馬馳，張岩冰著. -- 初版. -- 台北市：生
智，2001[民90]
　　面：　公分. -- （當代大師系列；22）
　　參考書目：面
　　ISBN 957-818-324-0（平裝）

　　1. 伊戈頓（Eagleton, Terry）- 學術思想 2. 馬
克思主義

549.3　　　　　　　　　　　　　　　90015378

伊戈頓　　　　　　　　　當代大師系列22

著　　　者／馬馳・張岩冰

編輯委員／李英明・孟樊・陳學明・龍協濤・楊大春・
　　　　　曹順慶

出 版 者／生智文化事業有限公司

發 行 人／林新倫

執行編輯／晏華璞

登 記 證／局版北市業字第677號

地　　址／台北市新生南路三段88號5樓之6

電　　話／(02)2366-0309　2366-0313

傳　　眞／(02)2366-0310

E - m a i l／tn605541@ms6.tisnet.net.tw

網　　址／http://www.ycrc.com.tw

郵撥帳號／14534976 揚智文化事業股份有限公司

印　　刷／科樂印刷事業股份有限公司

法律顧問／北辰著作權事務所　蕭雄淋律師

初版一刷／2001年11月

定　　價／新台幣150元

I S B N／957-818-324-0

總 經 銷／揚智文化事業股份有限公司

地　　址／台北市新生南路三段88號5樓之6

電　　話／(02)2366-0309　2366-0313

傳　　眞／(02)2366-0310